生活書店

会议记录1938-1939

1938
1939

上海韬奋纪念馆 编

中华书局

图书在版编目（CIP）数据

生活书店会议记录. 1938-1939/上海韬奋纪念馆编. —北京：中华书局，2019.7
（韬奋纪念馆馆藏文献丛书）
ISBN 978-7-101-13921-1

Ⅰ.生… Ⅱ.上… Ⅲ.生活书店-会议资料-1938～1939 Ⅳ.G239.22

中国版本图书馆 CIP 数据核字（2019）第 116624 号

书　　名	生活书店会议记录 1938-1939
编　　者	上海韬奋纪念馆
丛 书 名	韬奋纪念馆馆藏文献丛书
责任编辑	吴艳红
装帧设计	刘　丽
出版发行	中华书局 （北京市丰台区太平桥西里 38 号　100073） http://www.zhbc.com.cn E-mail:zhbc@zhbc.com.cn
印　　刷	北京市白帆印务有限公司
版　　次	2019 年 7 月北京第 1 版 2019 年 7 月北京第 1 次印刷
规　　格	开本/880×1230 毫米　1/16 印张 28½　字数 500 千字
印　　数	1-1500 册
国际书号	ISBN 978-7-101-13921-1
定　　价	298.00 元

「韬奋纪念馆馆藏文献」丛书

生活书店汉口分店，位于交通路（1937年摄。左起：严长衍、邵振华）

生活书店同人于汉口合影〔1938年摄。前排左起：诸侃、吴彬、沈俊元、罗颖、许觉民、吴德迈、金汝楫、黄川（黄宝珣之女）、徐启运。中排左起：杨文屏、毕青、徐宗福、钱小柏、黄宝珣、徐植璧、岳剑莹、孙洁人、张又新、顾一凡、徐伯昕、艾寒松、周名寰。后排左起：严长衍、邵峻甫、张志民、包士俊、任乾英、张仲实、方学武、黄洪年、仲秋元、董文椿、祁保恒〕

生活书店总管理处，位于重庆学田湾

生活书店重庆分店，位于武库街（今民生路）21号（1937年摄。前排左起：刘静波、李文、华风夏）

生活书店昆明分店，位于华山南路（1938年摄）

生活书店桂林分店，位于中南路（1938年摄）

生活书店香港分店同人欢迎徐伯昕来港，在湾仔凤凰台宿舍屋顶留影（1939年摄。前排左起：赵乐山、谈春篪、黄海燕、冯克、金世祯、戴寒波、袁萍、钱小柏、王绍阳、汪梓瑞。后排左起：雷瑞林、梁芹、金世禄、周遇春、包士俊、瞿悦明、吴元章、陈锡麟、李伯纪、徐伯昕、甘伯林）

生活书店香港分店，位于香港皇后大道中54号二楼

生活书店重庆沙坪坝分销处

生活书店武昌珞珈山营业处（1937年10月摄。前排左起：沈百民、杜国钧、程树章。后排左起：严长庆、诸度凝、张子旼、张锡荣）

韬奋（右四）、沈钧儒（左四）赴江西德安前线慰问抗日战士王炳南（拿锦旗者）等人（1938年摄）

张仲实（左）与徐伯昕在汉口（1938年摄）

生活书店成都分店同人参加成都大众抗敌宣传团（1938年摄）

生活书店同人在武昌参演电影《最后一滴血》（1938年摄。左起：周名寰、罗颖、杨文屏、方学武）

生活书店贵阳分店同人合影（1939年摄。前排左起：董顺华、董祥华、董咏华、自力书店同人、陈宝华、熊蕴竹。后排左起：濮光达、张子旼、开明书店同人、方学武、吉少甫、郁黎青、孟汉臣、沈炎林）

生活书店衡阳分店同人合影（1939年摄。前排左起：方学武、曾淦泉、许觉民、诸侃、马斌元、金伟民、赵海青。后排：左二王仿子、左四王焕洪、左六陈凤九、左七徐鸿尧）

前　言

2018年，为纪念韬奋先生诞辰123周年、上海韬奋纪念馆开馆60周年，我馆启动了馆藏文献影印出版计划，将馆藏保存相对完整的生活书店珍稀档案影印出版，并于11月5日开馆60周年纪念日前夕推出「韬奋纪念馆馆藏文献」丛书首辑——《生活书店会议记录1933—1937》，选取了生活书店理事会、人事委员会、临时委员会会议记录等，反映了生活书店初创时期的部分内容，包括生活书店民主管理体制的形成和完善，社务情况及人事变动。最为珍贵的是，首次披露了1936年7月18日发生的生活书店员工怠工事件和1936年9月在张仲实主持下成立的临时委员会及其所做的工作。

《生活书店会议记录1933—1937》甫一面世，便引起学者关注，并入选「中华书局上海聚珍2018年度十佳好书」。专家评价：这些资料能保存下来，实在不容易，这些未经任何修饰、遮蔽的第一手原始材料是非常珍贵的稀有文献，就其史料价值而言，有「正史之讹」「纠史之偏」「补史之阙」的重要意义。作为中国出版业的先行者，生活书店在传播文化和维持良好经营中如何生存发展，在经营管理、文化传播、追求真理等诸多层面，出版先贤的实践经验对今天仍然有相当的借鉴意义。

韬奋纪念馆馆藏生活书店会议记录计划分三册影印出版，考虑到生活书店的发展阶段，兼顾容量均衡，第一册的起止时间为1933年至1937年，自生活书店在沪创立后第一次社员大会召开起，至抗日战争全面爆发、生活书店总店迁至汉口止，包括「社员大会会议记录」「第一届理事会会议记录」「第二届理事会会议记录」「人事委员会会议记录」「人事委员会会议记录（第二册）」「人事委员会会议记录（第三册）」和「临时委员会会议记录

（一）」（迁汉前部分）。

1936年9月3日召开的生活出版合作社临时委员会记录中言明：「本会根据廿五年八月三十一日第二次临时社员大会决议案设立，在大会停会期内执行大会职权。」社员大会选举邹韬奋、徐伯昕、王志莘、杜重远、张仲实、孙梦旦、陈锡麟、李济安（李文）、周积涵、孙明心、张锡荣11人为委员，推张仲实为主席，徐伯昕为经理。这个临时委员会是由理事会、人事委员会、监察委员会联合组成的。在当时的恶劣环境下，用以代替三个机构的职权，以便及时处理社务和业务。因此，从1936年9月开始，一直到1939年4月28日第五届理事会成立，生活书店的社务、业务、人事等事项均由临时委员会讨论决定。其间共举行会议58次，议案达207件，其中执行者193件，因困难而未执行者14件。（附录《临时委员会工作报告》）

馆藏临时委员会会议记录共有四本，《生活书店会议记录1933—1937》刊登了「临时委员会会议记录（一）」（迁汉前部分），因此，第二册的起止时间为1938年1月3日生活书店总店迁至汉口，到1939年4月临时委员会结束。主要包括「临时委员会会议记录（一）」（迁汉后部分），「临时委员会会议记录」（二）、（三）、（四）。除此之外，还有「业务会会议记录」「生活书店理事会记录（1939.1）」及附录。

本册主要内容为临时委员会会议记录，因此附录部分收入了有关临时委员会的报告材料草稿，临时委员会工作报告，临时委员会为通过社章进行选举事告社友书等。

需要说明的是，生活书店理事会记录（1939.1）单独装订成册，记载了1939年1月1日召开的生活书店理事会第一次会议记录和1939年4月7日生活书店理事会第二次会议记录。按说，临时委员会1939年4月28日才终止行使职权，在此之前理事会的职能由临时委员会承担，不单独行使职权，但1939年1月1日和4月7日两次理事会会议记录的存在，似乎显示1939年1月至4月临时委员会和理事会同时行使职能。而且1939年1月10日召开的临时委员会第三十一次常会讨论事项，部分内容与1939年1月1日生活书店理事会第一次会议内容相同；1939年4月6日召开的临时委员会临时会议报告的关于孙梦旦因病逝世及抚恤的事项，也与1939年4月7日生活书店理事会第二次会议部分内容相同，此疑问有待进一步查证研究。

临时委员会会议记录与第一册中的会议记录相同，均是最初记在便笺上，会议结束后再誊抄到专门的会议记录本上，每次会议记录末页有临时委员会主席张仲实或代主席韬奋、徐伯昕的亲笔签名。业务会会议记录的形态也是如此，只是会议记录末页只有「主席」二字，没有主席徐伯昕的签名。6月15日的会议记录是便笺上的记录稿，粘贴在此册的最后6面，折页处部分文字未能扫描。

会议记录多数是按照会议内容以时间为序进行装订的，但临时委员会会议记录（三）错位较多，装订比较混乱，本次出版时根据会议内容和时间重新整理排序。

全书彩色精印，排版时从色泽、尺寸上尽可能还原原貌。书前选取了与此时段相关的生活书店部分分支店照片，生活书店同人的合影，以及韬奋与生活书店同人参加抗敌慰问团、慰问抗日前线战士的图片等作为插页。

感谢复旦大学新闻学院张大伟教授为本书撰写后记，感谢中华书局上海公司为出版本书所作的努力，感谢吴艳红编辑的辛勤付出。

目录

生活出版合作社

临时委员会会议记录（一）

生活书店出版合作社临时委员会会议录
（一）

臨時委員會會議錄(一)

生活出版合作社

临时委员会临时会议记录

开会日期　二十七年一月三日下午四时半

开会地点　汉店会客室

出席者　杜重远　邹韬奋　张仲实　徐伯昕　孙梦旦　周积涵　陈锡麟

列席者　甘蘧园

主席　张仲实

记录　陈锡麟

主席提议

一、修正社章案

決議 儘在一星期內由鄒韜奮先生擬定修正草案交元旦茶話會中所推選之研究修正社章委員會詳細研究再提交本會由本會徵集各地社員之意見並於整理後提出社員大會討論通過。

二、改選問題案

決議 待社章經社員大會修正通過確定理事及人事委員會人數後再行在社員大會中改選

三、組織重心案

決議　第一地點定重慶，如將來事實上認為有必要時，分設第二重心於廣州。

四、整個計劃案

決議　如漢地感受威脅不能繼續營業時，則全部遷渝，漢店酌留極少人員駐守，各定期刊亦同時遷渝出版，惟世界知識取材偏重國際，必要時可移粵出版，待徵求該刊編輯人金仲華先生及胡愈之先生意見後再決定。

五、本店編輯部為廣採各撰稿人意見並更謀充實出版物內容起見特組織編輯委員會聘請錢俊瑞金仲華胡愈之鄒韜奮大汜帝夫沈茲九柳湜張仲實杜重遠錢亦石王紀元等十一人為委員請予追認案

決議　通過

鄒韜奮先生提議

一、本店同事王錦云殷益文二人擬請長假一年赴外埠求學並請求貸予薪水三月作為旅費案

決議　准予給假一年薪水照扣並以社股作担保貸予薪水三月

二、在人事委員會未成立前擬由本会指请各科主任及本科同事人組織諮詢委員会供本会諮詢關於人事方面之問題而为本会討論時之参考。

決議　通過

主席　張仲實

臨時委員會第廿一次常會

開會時期　二十七年二月十三日下午四時

開會地點　漢口交通路金城文具公司三樓

出席者　張仲實　徐伯昕　鄒韜奮

孫夢旦　陳錫麟

列席者　艾逖生

主席　張仲實

記錄　陳錫麟

主席提議

一、本店營業日漸好轉，經濟亦稍形穩定，對於務同仁之減於發薪办法，似應酌予變動。

議決　凡月薪在三十元以下者，概照原額發給，卅一元至卅五元者，九折；卅六元至四十元者，八五折；四十一元至五十元者，八折；五十元以上者七五折。此辦法自二月份起實行。

六、過去有一部份初進本店服務之同仁，因抗戰發動，營業受影響，故未曾按期增加月薪，際此營業稍趋好轉，似應按照服務輕重、工作情況，酌予增加。

三、本店因業務上之需要，似有設立總管理處之必要。

議決　成立總管理處，並由總務部擬具組織辦法及職權分配，再經本會核定通過。

主席　張仲實

临时委员会第二十二次常会

開會時期 二十七年二月二十四日下午五时

開會地點 漢店二楼

出席者 張仲實 徐伯昕 鄒韜奮

孫夢旦 陳錫麟

列席者 艾逖生 甘蘧園

主席 張仲實

記錄 陳錫麟

主席提議

第一、本店全事周保昌請長假一年赴外埠求学

業經本店總經理核准以股款作抵預支薪水三個月作為旅費請求追認案

第二、本店仝事張通英亦擬請長假，因職務關係未予核准，乃竟擅自自由離職，應如何處理案

第三、仝人請給長假求學，致其動機，原堪嘉許，但本店以人手有職者皆離店他去，對職務上一時殊不易支配，似應加以相當限制或補救案

議決

一、對周保昌請假求學，予以追認；

二、張通英請假未獲核准，擅自離職他去，作自

由棄職論：

三、以後凡連續請假在六个月以上者，須經臨時委員会根據職務上實際情形，加以核定，如未經核准自由離職者，作棄職論。請長假離職者，概不得預支薪水。

艾逖生先生報告　關於本社社章，正在詳細研究，加以修正中。一俟草案擬就，當再提交本会，請求討論。

主席　張仲實

临时委员会第二十三次常会

开会时期　廿七年四月九日下午四时卅分

开会地点　汉店二楼

出席者　张仲实　邹韬奋　孙梦旦
（艾逖生代）　李济安　（吴全衡代）
孙明心　（甘蘧园代）　徐伯昕
陈锡麟

主席　徐伯昕

记录　陈锡麟

主席报告

一、本店近来營業，較前更為好轉，經濟週轉亦較前灵活，所有同人月薪，拟即恢復原数發给。

議决 恢復原薪，所支根據社章應繳納之社股，自應由会計科代扣。

二、全体同仁為整齐一律及壯觀瞻起見，拟定製制服並希望予以津貼案。

議决 穿着制服，先由门市部開始，其他部份，暫緩定製。

主席 張仲實

临时委员会第二十四次常会

開會日期　廿七年五月十三日下午七時

開會地址　汪漢路新華銀行

出席人　鄒韜奮　徐伯昕　張仲寔
王志莘　杜重遠（黃寶珣代）
陳錫麟（艾逖生代）　孫明心
（嚴長衍代）　周積涵（張又新代）
李濟安（金汝楫代）　張錫榮
（莫志恆代）

主席　張仲寔

記錄　艾逖生

一、報告事項

1、徐伯昕先生對業務概況報告：

(一)業務發展情形

(1)分支店辦事處之設立：

A、本店在抗戰爆發前總店設於上海，並先後成立漢粵兩分店，抗戰爆發以來，先後成立及計劃中之分店有六處，支店五二處，辦事處五六處，如全部成立，分支店辦事處共有二十處。

B、本店成立分支店辦事處分三個階段：第一期為九省省

会或重要市區，以絕对後方安全地帶並能維持本身而
言除為原則；第二期為為省次要城市，或交通枢纽，以地点安全
營業能維持為原則；第三期為近戰区，应供前方軍隊
與民众之精神食糧，稍帶冒險性。

C、各分支店辦事處成立日期如下：

(甲)分店 (乙)支店 (丙)辦事處

西安分店 廿六年十二月十五日

長沙分店 廿六年十二月廿三日

重慶分店 廿六年十二月十九日

桂林分店 廿七年一月十三日

成都分店　廿七年一月五日

貴陽分店　廿七年四月一日

昆明分店　廿七年五月十四日

宜昌辦事處　廿七年一月十日

萬縣支店　廿七年一月二十六日

衡陽辦事處　廿七年三月五日

蘭州分店　廿七年三月廿五日

南鄭辦事處　廿七年四月

六安辦事處　廿七年四月廿三日

南昌支店　在籌備中

金華办事處　在籌備中

天水办事處　在籌備中

香港分店　在籌備中

(五)三月(一至三月)來各店收支總比較：

一月份	收入	五二、三七四.八六	支出	一三、六五二.四三
二月份	收入	六二、一九八.四二	支出	一三、二四〇.〇一
三月份	收入	七九、五八三.二四	支出	一四、三一七.八四
總額	收入	一九四、一五六.五二	支出	四一、二一〇.二八
平均數	收入	六四、七一八.八四	支出	一三、七三六.七六

上述情形，營業額每月可增高一萬元以上。收的方面係

实利益以二成计算，与支出相抵，尚勉堪维持。支出方面，内包括管理费平均每月约九千元左右、销售费平均每月五千元左右。

(3.) 三月来各店营业比较。

A、一月份：

㈠汉店（汉口） 一三、五四八·〇八

㈡粤店（广州） 一二、七五六·一九

㈢陕店（西安） 七、〇五八·七二

㈣渝店（重庆） 六、七二九·五〇

㈤蓉店（成都） 四、二一九·〇九

⒃ 湘店（長沙） 四、九二〇.六八

⒄ 梧店（梧州） 二、三四二.六〇

B. 二月份

㈠ 粵店（廣州） 一六、〇七〇.〇九

㈡ 漢店（漢口） 一五、七一七.三九

㈢ 陝店（西安） 一〇、一三九.四一

㈣ 湘店（長沙） 五、六〇二.五八

㈤ 蓉店（成都） 四、七〇三.三一

㈥ 渝店（重慶） 四、六一七.五六

㈦ 梧店（梧州） 三、六二八.一三

（八）宜店（宜昌） 一、三七八.四六
（九）衡陽 三四六.五〇
C 三月份
（一）粤店（廣州） 二一、四二三.七五
（二）漢店（漢口） 一九、二二四.二三
（三）渝店（重慶） 八、一四三.八九
（四）陝店（西安） 六、六一九.〇二
（五）梧店（梧州） 六、四七八.二四
（六）湘店（長沙） 五、三三八.九〇
（七）蓉店（成都） 五、二一六.二〇

㈧萬店（萬縣）　三、四九三．五四

㈨桂店（桂林）　二、三九八．三六

㈩衡店（衡陽）　八九〇．九七

㈩㈠宜店（宜昌）　三六〇．一四

（三）業務新計劃：

1、本店現仍在積極建立第三期發行網：

A、組織流動營業處

每三人一組，每組開支每月以百元為限，擇重要市鎮開設，一個月期間視營業情形變更，至多二個月後此新地成立。其作用為下列二點㈠提高當地文化、平、推動附近鄉区文化工作；㈡联络当地同業，在離開設能成立較普遍之分銷網。

B、根據下列各原則繼續增设分店：

甲、学校区　乙、青训区　丙、駐军区

2、增设抗战书报供應部，擴大銷售範圍。

3、準備大推廣一次，通發本版及全國抗战與救亡書目。

4、举辦全國抗戰书报联合廣告，先從武漢做起，每月至少一次，刊登掃蕩、大公、新華三日刊報。

5、推廣雜誌定户，吸收現金，俾流動資金較为寬裕。

6、实行每月工作计劃大綱，自五月份起按月切实实行。

(三)最近經濟情形：

本店以分支店辦事處逐漸增加，存貨亦隨之增多，每月外版現進為數尤鉅，加以三處進化貨，紙張屯囤積極多，現金週轉，大感困難，自向新華銀行借款二萬元次，現又商經常向該行透支四五千元，但仍感應付困難，現正在設法調整中。

(四)總分店增加同仁情形：

下五店人數總計：（到今天為止）

漢店　五十四人　粵店　二十四人

[illegible]店　十七人　陝店　十一人

公　十三人　　蓉店　七人
湘店　八人　　梧店　六人
桂店　四人　　筑店　三人
滇店　八人　　萬店　三人
甘店　二人　　宜店　二人
南店　一人　　六店　二人
贛店　三人　　港店　二人
天水　一人
請假十人
總計　一百八十一人

又、各店一至四月份新添同仁如下：

（漢口總店）　共十三人

姓名	到職日期	職别
張志民	廿七年一月七日	会計科職員
包士俊	廿七年一月廿九日	会計科股員
錢小柏	廿七年二月十七日	編審科職員（世界知識助理）
岳劍瑩	廿七年四月一日	会計科練習生
狄福珍	廿七年四月十九日	編審科職員
許彥生	廿七年四月二十日	門市科練習生
行	廿七年四月十六日	門市部服務生

文	廿七年四月二十日	出版部印刷科职员
徐云尧	廿七年四月二十三日	门市科服务生
殷渭生	廿七年四月二十三日	门市科练习生
仲秋元	廿七年四月二十七日	会计科练习生
毕青	廿七年五月三日	批发科练习生
胡绳	廿七年五月三日	编纂科职员
（西安分店）共三人		
陈祥銳	廿七年一月五日	门市
周玉成	廿七年一月廿八日	门市
荀志漢	廿七年二月十三日	雜務

（重慶分店）共五人

王恒信	廿七年二月	廚司
吳孝先	廿七年三月	门市
莊旦明	廿七年三月	社工
陸彬文	廿七年三月	门市
張國鈞	廿七年三月	门市

（成都分店）共二人

烏賢麟	廿七年一月廿六日	门市
羅伯忠	廿七年二月七日	门市

店）共二人

八　廿七年二月十三日　社門市

閻權林　廿七年二月十三日　門市

（桂林分店）一人

姚廣源　廿七年二月廿八日　門市

（昆明分店）共五人

王秉坤　廿七年五月　練習生

沈榮　廿七年三月　廚司

劉徵福　廿七年三月　練習生

周啟治　廿七年三月　練習生

蔡德仁　廿七年四月十五日　練習生

3.社員張洪濤君因在滬滌孃申报地叁符瓶彝斝，已於三月間離職。
4.漢店門市部職員陳岳蕤君於廿七年四月五日辞職他就

（貴陽分店）　共六

凌毓俊　廿七年三月二十六日　職員

何祖钧　廿七年二月二十日　服務生

又.張仲實先生对編輯出版工作报告

I、過去編輯方針可四點：

A、學術研究参攷用書：

（一）世界名著譯叢——五種

（二）世界知識叢書——十九種——二十一

（三）婦女生活叢書——六種——七

1、参攷用書——七種

[illegible]近百年史从書

B.通俗学術讀物

(一)青年自学叢書——二十六種

(二)百科小叢从——二種——四種

C.介绍世界文学名作

(一)世界文庫

D.救亡讀物

(一)黑白从書

II、抗战爆發後編輯方針

A、学術研究参考用書仍继續徵稿，但宗旨側重社会理论。新编定者有：

(一)新中国学术丛书——沈志远主编

(二)中国文化丛书——艾思奇周扬主编——一

(三)救亡文丛——八种——十二种

(四)战时社会科学丛书——柳湜——三种

B、大众读物：

(一)大众读物丛刊——江陵主编——八种

(二)通俗读物丛刊——编刊社 每月二十本

(三)战时读本——初高两级，共八册

[illegible]兵谷合案丛刊——四种

3、讀物

(一)黑白叢書戰時特刊——二十一種

(二)大眾軍事知識叢書——十二種

(三)抗戰中的中國叢刊——長江主編 八種

(四)世界知識戰時特刊——四種

Ⅲ、出版情形

(一)一九三五年五十種左右

(二)一九三六年一百種左右

(三)一九三七年戰前平均二天一種

(四)現在計劃每天大小一種

(二)讨論事項：

1. 在新社章草案未經全体社員正式通過以前，是否應先予設法增加新社員案、

2. 依照廿五年九月二十四日臨時委員会第一次常会議决：以後凡「添用新仝人，作為雇員办理」，應如何使該議决案以後進店之仝人，由雇員晉升為職員以後方能取得社員資格案。

3. 本店借給仝人宿舍，扣除宿費办法不甚完妥，應如何解決，以及同人間薪水應如何調整案。

「先生因病需要短期休養，經理職務應

4、代理案。

5、孫夢旦先生現在上海患咯血甚重，不能工作，應如何办理案。

（三）議決事項

1、在新社章草案未經全体社員正式通過以前，为充實社務起見，應设法增加新社員。（一致通過）

2、雇員制度仍予保留，取消〔即廿五年九月廿四日臨委會議決案關于雇員之性質（不能升職員）〕二十五年十月八日臨時委員会第二次常会通過之職工試用期限一年零九个月的办法，規定以後凡雇員工作滿一年經過審查考核，認為合格者，得晉升為正式職員，即依照社章中正式職員經過六个月後可以取得社員資格，如不合格者，仍作雇員性質任用，並以後每隔六个月予以一次審查考核的機會。（六对三之多数通過）関於雇員之審查考核事宜推定徐伯昕、顾一凡、艾逖生、張又新、金汝楫、嚴長衍、方学武等七人組織委員会研究此事，並於最短期内將研究结果提出於临时委員会决定之。

3、对於宿費扣除办法不甚妥當之解決：第一，先發还不應扣除之宿費；第二，在最短期内研究一个總解決的办法。関於薪水調整的解決：第

一，是一部分最需要调整的；第二，在最短期间内研究出一个總的合理解决的办法，从七月份開始。（全体通過）

七，在徐伯昕先生因病休養期間，經理職務暫由嚴長衍先生代理。

八，關於孫夢旦先生疾病，須作較長期休養，應許給假二個月，薪水照給。（根據職工疾病津貼办法）

主席 張仲實

生活出版合作社

临时委员会会议记录（二）

临时委员会会议录
生活出版合作社
(二)

臨時委員會會議錄（二）

生活出版合作社

臨時委員會第廿五次會議記錄

開會日期　廿七年六月十四日

開會地点　漢店三樓

出席者　鄒韜奮　徐伯昕　張仲寔　陳錫麟

（艾逖生代）孫明心（嚴長衍代）周積涵

（張又新代）張錫榮（莫志恒代）李濟安

（吴全衡代）

主席　張仲寔

記錄　吴全衡

七七

丁、營業情形：

漢——一七、九八五·一八　　粵——一五、三八五·七三

陝——八、九二七·三九　　渝——五一、六六七·八八

蓉——四、七七四·〇五　　湘——三、四六〇·四七

梧——三、八一五·二六　　桂——三、二二八·二五

宜——九七九·一五　　衡——七九六·一一

萬——二、三九二·一八　　滇——二、二七七·九〇

蘭——四〇七·〇四　　安——六〇五·二七

南——六〇三·五四　　泸——八七四·七四

總計——七〇、二四四·四八　　較三月份收入（七九、五八三·二四）

少九〇〇〇〇元。

二、分店擴展與收縮情形：

A.粵店—本日起暫停營業

發行、批發、郵購已移港去梧，餘均去港暫避。秘一部份留粵，一部份去港，一部份去梧，籌設南寧分店及柳州辦事處、

B.六安辦事處—撤蘇埠，再由立煌遷回，

C.天水辦事處、南昌文店兩處在進行中—。

三、經濟情形：

1、甚窘，現金流以上

逸文、最近

、已透支五千元。

B.存渝紙，已押款約三萬元。

艾逖生先生報告：

關於由職員晉升社員問題，在新華銀行開臨時委員會時議決取消過去臨委會一年九個月方得為正式任用之決議，改為凡雇員經過一年經審查考核後升任職員，再過六個月，即為社員。

考核之標準有三項：

A.以工作做標準；

B.以品性做標準；

C、以学识做標準。

此决議为由臨委会所推出之「雇員晋升社員資格及成績審查改推研究委員會」開會商讨過一次，後因大家集中精力於整調薪水及津貼問題，故暫擱

讨論及議决事項：

一、艾逖生先生提出修改臨時委員會办事細則條、

議决：通過修改下列各條：

A. 第四條：「本會每兩星期開會一次，如遇有重要事項急待讨論時得由主席召開臨時會議。」

上丨開常会一次

（全院會，以委員二　出席為法定人數，任何表決，得出席委員過半數之通過即為有效，但關於人事方面與全體福利有關係者，須經出席委員三分之二之通過，方為有效」。

通過」……但關人事方面與工作福利有關係者

第六條：「本會委員如有事故不能出席，可委托代表，代表人以委員為限，但每一委員至多代表一人」。改為：「可委托代表，代表人以社員為限

二、艾逖生先生提出如何調整津貼及薪水案：

A、凡員工因事調遣，得因當地生活程度及事實需要酌給津貼，該項津貼標準由人事委

员会或临时委员会根据需要为之，且限于当地。（通过）

B. 关于调整合作人之膳宿津贴问题，请予保留，推定艾逖生先生负责召集各科主任及各科代表一人于内研究，一星期内将结果提交临时委员会解决，并予追认，尽于本月内实行之。

三、徐伯昕先生提出应确定分区办法及分区处之管理范围案：

通过。

六、本社之分区办法及　理範圍：

A. 分区办法：

西北區——中心在西安。包括西安、蘭州、南鄭、天水等。

華西区——中心在重慶。包括重慶、成都、貴陽、萬縣、宜昌等。

西南區——中心在桂林。包括桂林、梧州、長沙、南昌、衡陽、漢口等。

華南区——中心在香港，包括香港、昆明、上海、廣州、新加坡、

B、管理範圍：

1、本區營業擴展計劃之建設及執行；

2、本區內發貨及存貨之稽核；

3、本區內人事交調及考績；

4、本区内出版之管理；

5、本区内稿件之收轉与接洽。

四、徐伯昕先生提出確定分區管理委名義及管理委办法案。

議決：用"生活書店××區管理委"名義，办法一一再通過之。

五、總處遷移地點案

議決：重慶，因重慶在目前具有下列諸優点：

A.政治文化中心，能反映現實，收稿便利；

B.航空線甚多，便利管理；

C.不受幣制影響，滙兌靈活。

六、確定出版與造貨重心案：

議決：出版重心偏重重慶及香港兩處，桂林、西安、上海輔之；大量造貨，偏重桂林及上海兩處，重慶、香港偏重印刷雜誌。

七、確定各種誌遷移地點案：

議決：為節省人力物力起見，各種誌應依量集中及合併。

A. 抗戰——重慶

B. 世界知識——香港

C. 婦女生活——（重慶或桂林）契約另訂，編稿費依銷數計算。

D. 文藝陣地——遷內地出版：

E. 戰時教育——（桂林）

F. （與三抗戰合併）

G. 〃〃〃世知合併

H. 新學識——（停，商編从書）

八、滬奧兩地因受戰事影響，營業損失極大，應如何補救案：

議決：應從開源節流兩方面着想，如向南洋方面發展以及多設分銷處等。

九、關於滬店遷移之準移備案：

議決：在原則上應有如下之確定：

A. 以二個月的時間來準備撤退；

B. 一部作撤退長沙準備，貨可由上海運來；

C、去重慶者今後可能減少。

十、關於港幣高漲，港店同人薪金如何支發案

議決：保留，俟下次會議時決定。

主席 張仲實

臨时[illegible]時會議記錄

開會日期　廿七年六月廿四日下午七時

開會地點　漢店三樓編輯室

出席者　李濟安（吳全衡代）　杜重遠（黃寶珣代）

周積涵（張又新代）　徐伯昕　陳錫麟

（艾逖生代）　張錫榮（莫志恒代）　孫明心

（嚴長衍代）　鄒韜奮　張仲實

主席　張仲實

記錄　艾逖生

一、報告

（A）徐伯昕先生报告最近書店营業經濟狀况

1、四五兩月各分支店办事處營業比較

	四月	五月
漢	17,955.18	20,154.62
粤	15,385.73	13,574.42
陝	6,927.39	7,544.30
渝	5,667.88	5,178.10
滇	2,277.90	4,920.94
湘	3,460.47	3,729.91
梧	3,815.26	3,574.32
桂	3,228.25	2,546.04
贵	4,774.05	1,652.01
蘭	407.04	1,220.07
滬	874.74	1,020.83
萬	2,392.18	940.92
衡	796.11	702.73
宜	977.15	687.22
南	603.54	526.08（缺[illegible]）
安	605.27	
總數	70,244.48	67,992.53
差數		2,251.95

2、造貨計劃

（一）紙：

1 費四〇〇元

、紙二〇〇〇元（160人

印刷一六〇〇元

推營五〇〇元

合計四五〇〇元

（二）渝一百萬

稿費四〇〇〇元

用紙二〇〇〇〇元（1600令）

印刷一六〇〇〇元

推營五〇〇〇元

合計四五〇〇〇元

（三）港五十萬字

稿費二〇〇〇元

用紙一〇〇〇〇元（800令）
印刷八〇〇〇元
推營二五〇〇元
合計二二五〇〇元

（四）假定每月出版單行本二百萬字需
存紙三二〇〇令（四〇〇〇〇元）
稿費八〇〇〇元
印費三二〇〇〇元
合計八〇〇〇〇元

（五）

抗战 30 〃	6頁	203令	200,000〃	〃	10,800.00
蓝知 18,000×2=36,000	16頁	72令	110,000字	·12	4,320.00
妇生 8,000×2=16,000	16頁	32令	110,000字	·10	1,600.00
文阵 10,000×2=20,000	16頁	40令	110,000字	·12	2,400.00
战教 4,000×3=12,000	8頁	12令	80,000字	·03	360.00
354,000册		359令	600,000字		19,480.00

六：

付出成本

稿 60×4 =2400.00元

编 =750.00元

纸 359×13 =4667.00元

排 60×1.0 = 600.00元

印 359×23 = 825.00元

訂 2868.00×1 = 300.00元

封 纸16×26 = 416.00元

印双色排 = 374.00元

10332.00元

七）：假定

编稿費 3,200元

纸 張 4,700元

印刷費 2,100元

〃〃八元 什志成本

(八)告　　单行本八萬元，　　元，共九萬元。

重慶　稿費：单行本4,000元　雜誌1,940元——5,940元

香港　稿費：单行本2,000元　雜誌880元——2,880元

桂林　存貨：1600令　$20,000元，印刷費16,000元——36,000元

上海　存貨：800令　$10,000元，印刷費8,000元——18,000元

3. 香港分店已租定立报館原址，定六月十六日開始營業，七月一日起正式開幕。

南昌支店六月十四日起正式開幕，營業情形，第一天门市和批發共约一百七十元。

4. 經濟情形，現金週轉，較前更感困難，最近粵滬

两地速电催款，约需一万之数，重庆方面押款仅办妥一小部分，已汇来者不过一万二千多点，不敷甚巨，请临时委员会统筹整个金融活动办法。

5. 关于汉店撤退及同人疏散步骤：「世界知识」定下月初移香港，金仲华先生及调港店同人准备下月初赴港，到重庆去的已走第一批，（六月廿三日）去者为徐伯昕、邵峻甫，并带去同人行李共二十五件。第二批撤退的约在下月初开始。准备如下：廿[illegible] 第一批：罗颖[illegible] [illegible]搭车赴

長沙 [illegible]行李亞村莫先 [illegible]

(B)張仲實先生報告編輯委員會最近開會情形：本店所組織之編委會久未開會，特于昨日（六月廿三日）在一江春召開編委會，到會人有金仲華、鄒韜奮、徐伯昕、艾逖生、胡繩、柳湜、沈茲九、錢俊瑞、張志讓、胡愈之、范長江等諸先生，討論結果甚好，对本店將來編輯方針都提出有很好的意見。

六、討論

今天須要討論的問題，歸納起來有左列几個：

(A)書店整個經濟問題；

(B) 漢店同人撤退問題；
(C) 調整同人膳食津貼問題；
(D) 調整同人全部薪水問題；
(E) 港店同人薪水支給办法。

三、議决事項

(A) 関于書店整個經濟問題
根據徐伯昕先生报告，議决補救經濟困難办法如下：
1. 草擬同人儲蓄章程
2. 增加　　吸收社股，並（见）　　二　一〇（当時擬出一批〃〃〃名誉社員之名〃〃下：黄任之、胡愈之、張志讓、盧作孚、沈鈞儒、盛世才、馬占山、章乃器、吴藴初、吴健陶、吴鴻達、秦翰才、蔡永新、宋子文、楊衛玉、江問漁等十六人。

3、組織經濟研究委員會，當時並推定徐伯昕、嚴長衍、艾逖生、張仲实、張又新、吴全衡、張志民等七人為委員，由張仲实負責召集，限最短期内提供具体開源節流办法，交臨委會決定通過後实行之。

(丙)関于漢店同人撤退问題，擬定原则如下：

1.第二三批仝人撤退，以信陽或馬當任何一地失陷為準備撤退標準。

2.凡女同事以及有家眷小孩之仝事，儘可能設法先行離漢。

(C)關于調整膳宿津貼問題：

1.在抗戰期間，膳食一律由書店供給，不到店用膳者作棄權論，不另津貼或供給。

附調整办法五項如左：

(1)凡由上海總店調外仝人，原薪水内有膳貼者，廿元津貼轉成薪。

伙食由店供

给（、、、膳食由店供给、、、以後不照此例）

b.一向膳食自理，未言明有津貼者，遷到漢口或其他各地分店後，膳食由店供给。

c.前漢分店仝人每月領有十元膳食津貼者，一律取消

d.上海仝人膳食，從實行本办法起，一律由書店供给，原有津貼者，將津貼轉為薪水；原為膳食自理者亦由書店供给，惟以到店用膳為限。

e.新進職員或練習生在薪水内包括有膳食津貼者，取消該項津貼，另行確定固定薪水。

2.对于宿舍问题解决办法为凡同人寄宿，一律由書店供给。

附调整办法如左：

a.凡過去領有宿舍津貼，現寄宿在書店宿舍内者，該項津貼，一律取消。

b.因有家眷在外寄宿者得酌给津貼，办法另定。

c.無家眷，但有特殊理由（如宿舍不敷和有疾病等）得書店許可者亦可在外寄宿，並酌给津貼。

d.凡新進職員及練習生如無特殊情形必須在寄宿舍内……

乙、除以上甲、丙、自由在外寄宿、認為係自己棄權，無津貼。

附註：當時臨委會对宿舍津貼問題，意見不一，本經確定对宿舍津貼不全取消，酌量扣除，後臨委會同人終以此辦法不符原則，如謂全人經濟困難，應在薪水内調整，故經臨委會委員鄒韜奮先生提議，請对此議案重新考慮，復于翌日（廿五日）下午二時在本店二樓會客室開會，決定將宿舍津貼完全取消，大家一致同意通過，故前面之決議，亦于第二日會議後更改。

D.关于调整全人全部薪水问题：

根據臨委會廿四次常會之議决案，调整同人薪水本已决定在七月份開始，現為保証該項決議能以期實現起見，特組織「薪水调整研究委員會」幫助迅速解决，限七月十日以前办妥，該委員會人選由臨委会推定如下：

徐伯昕　邹韬奮　艾逖生　孔瓦　张又新

趙曉恩　方學武（本会由艾逖生召集）

E.关于港店今、　水支结办法：

除國幣合港幣九折實付外，其餘店方與個人各半負担。舉例：國幣一百元，假定六折，合港幣六十元，吃虧之四十元，店方負担二十元，即每次多給二十元，共國幣一百二十元。

臨時動議和決議

(A)臨時動議：

黄寶珣先生臨時動議：謂本人在上海原領有宿舍津貼，自四月初到漢口，因書店宿舍不敷，不能容納，暫仍在外自賃房屋居住，但津貼未曾續領。此與自由在外寄宿不同，可否請店當局考慮本人此項特殊情形，仍補發宿舍津貼；或照今日通过之議案办理，即「無家眷，但有特殊理由（如宿舍不敷和有疾病等）得書店许可者亦可在外寄宿並酌给津貼」

（B）臨時決議：

对黄宝珣先生之動議，如查明當時確係因宿舍不敷暫居外间者，應酌予津貼，並補发过去應给之津貼。

主席 張仲實

临时委员会临时会议

開会日期　廿七年六月廿五日下午二時

開會地點　漢分店二樓會客室

出席人　李濟安（吴全衡代）杜重遠（黄宝珣代）周積涵（張文新代）徐伯昕　陳錫麟（艾逖生代）張錫榮（莫志恒代）孫明心（嚴長衍代）鄒韜奮　張仲实

主席　張仲实

記錄　艾逖生

一、報告

張仲実先生报告昨日開會經過，並提出对昨日関於宿舍津貼議决案有值得重新考慮予以部分修正的必要。

二、討論

1、全体同意修正昨日通过之宿舍津貼案

2、徐伯昕先生提出同人儲金办法草案

3、関于有家眷寄宿外间之津貼案

4、同人疏散问题

三、決議

1、仝人寄宿、、由書店供給，所有同人宿舍津

貼一律取消

2、通過同人儲蓄章程草案

3、对有家眷在外寄宿之同人津貼案，原则上確定，办法另定之。

4、同人疏散問題，如時局日益緊張，當儘可能分批疏散。

主席 張仲實

臨時委員會談話會議紀錄

開会日期　廿七年八月四日下午八時

開會地点　漢口分店

出席人　張仲實　徐伯昕　鄒韜奮　孫明心
（嚴長衍代）陳雪嶺　（艾逖生代）李濟安
（邵一凡代）杜重遠　（黃寶珣代）周積涵
（金池揖代）

主席　張仲實

記錄　邵一凡

徐伯昕先生報告：

(一)营業方面

1.半年来各店营業情形：

①52,198.42
②62,198.42
③79,583.24
④70,244.48
⑤64,180.58
⑥

约共38万

(六月因不及结出，未能確定数目)

2.半年来漢店营業情形：

①13,548.08
②15,719.39
③19,224.23
④17,985.18
⑤20,737.81
⑥20,927.07

总108,137.75

但七月份起因战事関係，批發頓形減少，七月份總收入数已降至一月份相同，只一萬三千六百七十三元八角七分，内门市仍约佔萬元左右。

3. 廣州營業，在前一時期，因日机轟炸太猛，曾一時停業，现已恢復原状，每日平均約有二百元之门市收入；

4. 香港分店平均每日可收入港幣百元以上，情形尚好；

5. 天水已正式開幕，第一日營業有二百餘元，以後營業，但仍可維持。

6. 湘店已在準備退步，最近湘店經理已赴沅陵調查，營事佈置，以便將来必要時遷移。關於湘省營業，最近並與湖南省公路管理局接洽妥當，並各大公路車站成立流動營業办事處，正在試辦。

7.關于南昌分店，本已去電囑退吉安，現除將貨運吉外，一部人員仍留原處，必要時退至吉安，目前門市收入，每天尚有三四十元。

8.浙江流動办事處已在金華成立，但將來擬偏重麗水方面。

（二）經濟報告：

最近因造貨關係，經濟支出浩大，計向漢口新華借洋兩万元，遠支一万元，向粵新華遠支五千元，向沪新華遠支五千元，另向私人借洋一万元，共五万元，又在重慶向銀行抵押借款三万元。

（三）禁書註冊

從前被地方当局查禁之書籍中，本店已經内政部註册准予通過者八種，現已準備將註册執照影印書上發售。

（四）退漢準備

總管理處自決定遷渝後，漢店偏總處人員即分批入川，現定第一批未走者於四五日內啟程，第二批則定十日左右走。到湘西全人亦定十五日左右走一批。最後留漢者擬用徵求自願方式進行。

(五)總管理處

總處現已在渝開始办公，正在着手做進貨統計等工作，將來總處完全偏重於統計支配及整理工作，及人事方面之訓育工作。

艾然生先生報告：

(一)人事更動

A.漢口：

a.门市部之試用員工，許彥生、殷渭生、孫正新三人，试用以来，成绩尚佳，唯因目前营业较清，故将该三人暂停试用。又门市职员徐宗福屡犯过失，工作成绩亦甚恶劣，已于七月十八日解职。门市部练习生刘玉卿提出辞职，因其平日工作成绩不佳，准予辞职。

b. 批发科职员谢纯祥试用一月，据批发科报告，成绩不佳，故亦停止试用。

c. 总务部职员狄福珍在试用期中，因了在六月底自动辞职赴沪。

d. 校对科试用职员郑飞卫在六月间尚未试

用期满一月即辞職离店。

2、"全民""抗战"合併为全民抗战社，從七月起胡绳、柳湜加入全民抗战社任编輯，七月八日又新添一助理杜伯英君，胡绳原任书店编輯，從七月起书店编輯職務解除。

3、书店：编輯部已成立，由金仲華先生主持，並聘刘思慕先生任编輯，從七月份起正式工作。

(二)

調整薪水

1、漢店全体同人薪水已自七月份起依照考绩表按平時工作狀况實行調整，請臨委會予以追認，

2. 各地分店全人之考績表送今尚有一小部份未到，已到者正在閱核中，決于數日內將薪水調整工作辦竣。

(三) ◎未決人事糾紛

1. 漢店職工朱根興與門市職員魯昌年于六月十三日下午九時在門市部動武衝突案；

2. 陝店(a)職員孫鶴年與龐懷宝因書籍事在店內動武衝突案；(b)孫適英原係自動脫離漢店，今又擅返陝店工作，應如何處理案。

(四) 对各戰區吃緊地帶最後撤退之同事，應如何規定优待办法。

（五）对同人储蓄章程应如何实施案。

徐伯昕先生补充意见：我认为今天的最大问题，莫过于本店的经济基础，将来日益动摇，目前应提出下列各项，以为日后发展之步骤：

（一）即速实行同人储蓄；

（二）本店应改为股份两合公司，俾易增加资本；

（三）薪水调整后之同人减薪折扣问题；

（四）各种办事细则，惩奖办法等规章亟应即行制就施行；

（五）各地人事之调整；

(六)编辑出版应如何注意与计划；

(七)各地分支店办事处应依实际情形予以扩充、缩小或合并之调整。

决议：

(一)调整薪水：

1.汉店方面已于七月份实行，予以追认。

2.各分支店办事处人员于七月前由徐艾二先生核定后通过，其薪水自七月份起计算。

(二)经济问题：

1.同人储蓄办法，照原草案修正通过，自九月一日起生效（九月一日以前所有存款可出臨時收據，計移）。

又為要增加名誉社員吸收股金，應先印發「生活書店概況」一種，俾熱心贊助本店者明了本社發展情形。該書編擬由張仲實先生草擬大綱，材料由徐艾二先生共同供給，限三天內擬就，提出通過施行之。

（三）修改社章，改為兩合公司案

決議：先同專家商量辦法後，擬就草案，徵求同人意見，再由社員全體多數通過施行。

（四）開源節流案

決議，在七号晚上續開臨委會討論之。

(五)紀律問題

1.關於員工進退处理權限應明白規定案

決議：關于人事方面與全体福利有關（如加薪減薪裁員）者由臨時委員會处理，此点早已在臨委會办事細則內規定，惟尚須明白規定而與以補充者，即關于个別人事進退及維持工作紀律懲獎等事，為便利起見，應由總經理與總務部商同处理後報告臨委會，倘對懲处不服從者，得向臨委會提出理由申訴。

但在臨委會未决定前，總經理與總務部之處理，仍屬有效。

(2)関于西安分店人事糾紛案

决議：

1.对陝店經理張錫榮先生関于此次人事糾紛之處理办法——朱晉卿停職，龐懷宝受最後警告，予以追認。

2.張通英前爲漢店時係自由離職，前經臨委會决定予以停職处分，現在西安分店自由復職，應通知陝店不准復職。

3.孫鶴年过去曾受儆告，屢犯錯誤，現又在店内與仝人貿然動武，並拒絶填写考績表，如此不守紀律，应受停職处分。

(五)関于分店員工管理權限应明白規定案

決議：凡由總处調派及由各分店調動之員工，與其他員工同様，一律須遵守当地分店工作紀律並服從經理指揮。如有違犯者，得由該分店經理照章处办後報告總管理處核准，如有对分店經理懲处不服從，得向總处提出理由申訴，但在總管理处未答覆前，分店經理处經理仍屬有效。

㈥關于通過新社員新社章及臨委會改選案

決議：上項各事，俟于十月底以前處理完竣後由總務部

負責進行。

㈦關于通過近戰區之工作人獎懲案。

決議：接近戰區各分店全人於緊張時期，仍留在當地

艰苦工作或自由離職者，應由各地分支店或

办事处負責人呈报總處，由總經理酌量情形，

予以獎懲，其辦法如左：

1、維持營業至最後關頭而在撤退時受到極

大物價稍昂者。

a.加薪半月至一月；

b.予以一星期至一月之休假，薪金照給。

2.凡未向總處報告擅自撤退或不應過早撤退，經總處調查屬實者，予以扣薪儆告或停職處分。

3.各地分支店或辦事處員工在時局緊張期內，如未得負責人仝意，擅自離職者，作停職論

九月廿日在重慶閱後補簽者

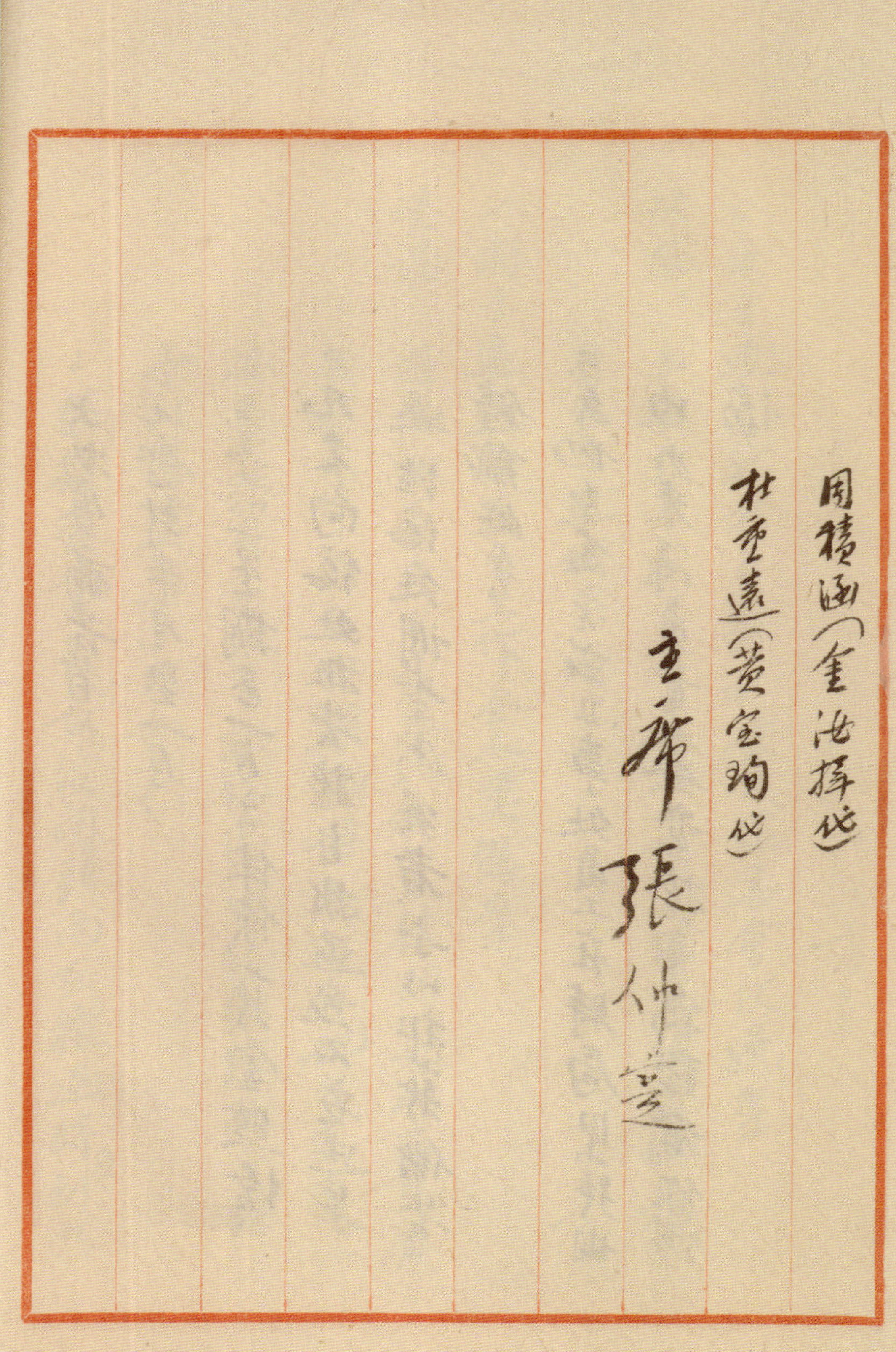

周積涵（金沚揆代）

杜重遠（黃寶珣代）

主席　張仲實

臨時委員會談話會議紀錄

開會日期　廿七年八月七日晚八時

開會地点　漢口分店

出席人　鄒韜奮　張仲實　徐伯昕　孫明心

（薛長衍代）陳雪嶺（艾逖生代）（九月廿七日在重慶補簽）李濟安

（彭一凡代）（九月廿七日在重慶補簽）周積涵（金海搖代）杜重遠

（黃寶珣代）

主席　張仲實

記錄　顧一凡

決議案件如左：

一、总经理提出分支店暂行办事细则草案，供同
讨论。
决议：修正通过，即日起施行，并征求各分支店
之意见，如遇必要，得按实际情形修正之，
在未经更改时，即按本办法实行。

六、各地分支店办事处员工薪水之调整
决议：对总经理依照各地考绩表并会同薪水
调整委员会拟定之调整数目单照原单
通过，由本会通知各地依照规定办理，其七
月份薪水照数补发之。

三、薪水折扣问题

决议：暂予保留，由总经理拟定办法后再行决定。

四、在汉人员之撤退问题

决议：原定第二批撤退人员，最迟须于本月十日前退走。

主席 张仲实

臨時委員會第廿六次常會

開會日期　廿七年九月九日下午二時

開會地點　重慶由家巷總管理處二樓寢室

出席人　鄒韜奮　李濟安　陳錫麟（艾逖生代）

張仲實（張志民代）　徐伯昕（方学武代）

周積涵（金池梅代）　杜重遠（黄宝珣代）

孫明心（趙曉恩代）

主席　鄒韜奮

記錄　趙曉恩

報告事項：

(一)鄒韜奮先生報告　今日出席各位雖多係代理，但所負責任同等重大。臨委會現在所急應進行者有下列三項：1.釐訂雇員升職員審查標準；2.通過新社章；3.選舉正式理事及人事委員。第一項請艾先生報告經過情形。

(二)艾逖生先生報告　關於雇員晉升為職員問取得社員資格問題，係由廿五年九月二十四日第一次臨時委員會議以後採用新同人作為雇員辦理之議決及同年十月八日第二次常會議之試用期限分為三個月六個月一年三個階段之決議案而來；後經廿七年五月十三日二十四次常會修正為「雇員制度仍予保留……規定凡雇員工作滿一年經過審核，認為合格者，得晉升為正式職員，依照社章內正式職員經過六個月後可以取得社員資格，如不合格者，仍作雇員性質試用，並以後每隔六個月予以一次審查及格之機會……」。即廿五年九月廿四日以後進店之同人，皆均作為雇員試用，但六個月後均有升為正式職員和入社之機會。

討論事項

（一）擬訂雇員晉升為職員審查標準案。
（二）舊雇員審查委員多因職分散，應請重新推選案。

議決：

（一）雇員審查標準應以文化水準佔百分之五十及工作成績佔百分之五十為原則，具體辦法交由雇員審查委員會起草，提出本會通過後施行。

（二）推選艾逖生、張志民、趙曉恩、方學武、金海樺五人為雇員審查研究委員會委員，並由艾逖生負責召集開會。

代主席 [illegible]

臨時委員會臨時會議紀錄

開會日期　廿八年九月廿日下午二時

開會地点　總處二樓

出席者　艾逖生（代陳錫麟）　吳全衡（代張錫榮）

趙曉恩（代孫明心）　方學武（代徐伯昕）

金汝楫（代周積涵）　黃寶珣（代杜重遠）

李濟安　張志民（代張仲實）

主　席　艾逖生

記　錄　趙曉恩

報告事項

文遨生先生報告

（一）雇員晉升職員審查標準研究委員會曾于九月十九日下午七時開會，對雇員審查標準研究結果如左：

1. 关于工作考績表三份之分數計標法如下：

甲. 自己填表佔百分之五十；

乙. 經理填表佔百分之三十；

丙. 第三者填表佔百分之二十。

丁. 三表總分數佔百分之六十。

戊. 文化水準測驗表佔百分之四十。

己. 在自己填表中：

1. 業務意見佔百分之五十；

2. 工作概況佔百分之四十；

3. 業餘生活佔百分之十。

2. 最低及格分數為六十分。

3. 被審查者之截止期為廿年十月底。

4. 表格填寄手續如下：

A. 由經理填的，直接寄與經理，並由經理直接寄还；

B. 由本人填與第三者填的，由經理轉交與第三者和本人，填好由第三者和本人各自放入信封內封好交由經理寄还；

C. 文化水準測驗表交由經理分發被審查者，並與指定填表之第三者負責監督填寫，最後由經理收集寄還。

D. 如分支店及辦事處負責人即為審查者，由附近分支店經理負責前往執行或臨時改用其他辦法。

5. 測驗表題目共一百個。

6. 雇工審查辦法另定，大部偏重工作考績。

(二) 關于陝店孫鶴年被懲處經過及最近孫之申訴。

在今年八月四日下午八時之臨時委員會會議根據陝店經理張錫榮對孫鶴年在陝店發生人事糾紛之報告後，認為情節嚴重，當即議決與以停職處分，孫鶴年在陝店接得該項通知後，不滿停職處分，一面寫了一份申訴書給臨委會，一面親自由陝赴漢向

徐伯昕先生面陳一切，頃接徐先生由漢來信，孫鶴年現在漢

等候臨委會對此事之重新考慮。此事之簡單經過就是如此。

提付討論事項：

1. 吳全衡先生提議取消上屆臨委會通過之對雇員晉升職員應受文化水準測驗一項決議案；

2. 研究委員會擬定雇員晉升職員審查辦法是否有当案

3. 根據今年五月十三日廿四次臨委會常會決議，新進職工試用期改為一年，宜予確定一年試用期中之階段案；

4. 近以本店分支店普設國內外，職工由總處或他處派往另一地點服務者，如因故停職，其回程旅費是否應予津貼案；

5. 社員孫鶴年對停職懲處提出申訴，要求對該項懲處重加考慮案.

6. 金汝楫先生提出辭去研究委員會委員職務案.

議決事項：

1. 對吳全衡先生之提議，否決通過；

2. 對研究委員會擬定之雇員晉升職員審查辦法修正通過如左：

A. 工作考績表分數佔百分之八十，文化水準分數佔百分之二十；

B. 工作考績表分數計算法：

甲. 自己填表佔百分之五十，

乙、經理填表佔百分之三十；

丙、第三者填表佔百分之二十。

C. 自己填表分數計算法：

甲、工作概況佔百分之五十；

乙、業務意見百分之四十，

丙、業餘生活佔百分之十。

D. 最低及格分數為六十分。

E. 被審查者之截止期為去年十月底。

F. 表格填寫手續，依照委員會所擬辦法。

G. 測驗表題目太艱深，請委員會研究重擬。

H、工作考績表之內容，依照委員會所擬辦法。

1. 雇工審查偏重經理填表之報告，對文化水準測驗改由經理口試。

3. 職工試用一年中之階段，改為三个月，三个月，六个月三个階段。

4. 對退職々員川資津貼，除辭職和因舞弊解職，概不給予川資津貼外，其他退職々員按照實際情形酌予最低限度之川資津貼。

5. 孫鶴年对本會懲處要求重新考慮，不能單憑本人申訴理由，作為重予考慮根據，當另搜集事实材料，作為參考，一面請在場目擊之杜國鈞先生作一更詳細報告，藉供是否可以重予考慮之參考，惟該事件未得本會重予考慮討論決定以前，對孫鶴年之停職懲處，仍為有效。

6. 對金汝楫先生提出辭去研究委員會委員職案，一致否決通過。

主席 仲實

临时委员会临时会议

開會時間　廿七年十月二十日下午二時半

開會地点　總處二樓

出席者　艾逖生（代陳錫麟）　方学武（代徐伯昕）　李濟安
吴全衡（代張錫榮）　金汝楫（代周積涵）
張志民（代張仲實）　黄宝珣（代杜重遠）
趙曉恩（代孫明心）

主席　艾逖生

紀錄　趙曉恩

報告事項：

文逖生先生報告：今天開會所要討論的主要問題，仍是關于處理社員孫鶴年的停職問題，根據上次九月廿二日臨委會對該事件的決議，認為"孫鶴年對本會懲處要求重新考慮，不能單憑本人申訴理由，作為重予考慮根據，應另搜集事實材料作為參考，一面請在場目擊之杜國鈞先生作一更詳細報告，藉供是否可以重新予考慮之參考。……"在這決議以後，九月廿二日臨委會就由代主席韜奮先生致函陝店杜國鈞先生，請其作關于孫鶴年事件的報告，到十月二日我們就收到了這個報告，一方面孫鶴年仍在漢口等待該事件的最後決定。現在將凡有關孫鶴年事件的參考材料都帶在這裏供到會委員參閱，並盼今天能作一個最後的決定。

提付討論事項：

根據本會九月廿日的决議，和杜國鈞先生報告，对本會八月四日関於孫鶴年停職的决議是否應提出重予考慮案：

各委員对此事件的意見：

方學武先生 看過了各项材料以後，有一点值得注意，就是社員孫鶴年乃係因公致和同事發生悪感，釀成斗殴，情有可原，停職處分似太嚴厲，可否除給予最後警告外，改為三个月或六个月留職察看，以觀後效。

李濟安先生 我認為对於社員的進退，更應嚴密的考慮，孫鶴年的錯誤，深信他是能够改過的，他的個性太強，是需要我们用善意的批判，方能克服，當然他自己的努力還是主要的因素，剛才方学武先生对前次臨委會決議提出後決辦法，本人同意，留職察看期内應特别注重他的行為和工作效力，他是社員，在這察看時期只有選举權，無被選举權，不知各位的意見怎樣。

張志民先生　孫鶴年君易與同事發生意氣之主因，似為個性太強，如臨會決定減輕處分，留職察看，含有予以自首及教育之意義，帮意變換其環境實有必要，更為易於察看計，以調任總處為適當。

最後金汝楫先生吴全衡先生黄洵先生趙曉恩先生艾逖生先生都一致同意上面二位的意見，就是撤消停職處分原案，給與新的處分，並認為在決議案内應公開的指出批評孫鶴年君的錯誤。

議決事項：

根據了張錫榮先生的報告，孫鶴年先生本人的自白，（給臨委会的信）徐伯昕先生的報告（與孫鶴年在漢口談過話以後）和杜國鈞先生的报告，沒有疑問的，孫鶴年社員是犯了下面的錯誤：

第一，孫鶴年君平時對同人的態度欠佳（有張杜兩先生的報告為據）致易引起同人間的誤會而至發生糾紛，即使是為了公事，但態度不好總是錯誤的。

第二，孫鶴年君在和同事爭吵時，正確的解決辦法，應即提出共同向經理報告，由經理公平處置，或可避免斗毆事件的發生，然孫鶴年君當時沒有如此辦理，是錯誤的。

第三、孫鶴年君在和同事爭吵時，如果態度嚴正和平，可能以理說服對方，避免斗毆，但孫鶴年君首先開口罵人和動手打人，致釀成斗毆，（當然對方自然也是錯誤的，而孫鶴年君應多負責任，並且对方亦已受到懲處了。）這是嚴重的錯誤。

第四、事件的發生雖不在辦公時間內，或者即不在辦公室內，然常一同人間亦不該有斗毆情事，應當遇事和平解決，親誠互助，第二、因斗毆而召來外面的警察，甚至被带局詢問，对本店聲譽，不無影响，這樣就不能不承認會因私而妨害到公，這也是錯誤的。

第五，關于總處發交同人填寫的考績表，據陝西經理張錫榮先生報告說：「孫鶴年拒絶填寫該表，理由是：『以前已經填过了，老是這一套。』」這更是嚴重的錯誤。

本會認為滿意的即孫鶴年社員在給本會的信中，在和徐伯昕先生談話中，都能很坦白的承認錯誤，後據杜國鈞先生報告雖然無論對同人或同業的態度欠佳，但工作上尚屬認真，根據了各方面的考察和本會討論的結果，認為可以從寬處理，給與孫鶴年社員以一個改正錯誤的自新的機會，因此

議決如左：

一、撤消去年八月四日臨委會關于孫鶴年君因過失而受停職處分的

决議案。

二、社員孫鶴年于七月十九日在陝店于辦公終了後與同事發生斗毆，另外並拒絶填寫總處發出之同人旅考績表，應受下列懲處：

（1）給予最後儆告（書面）；

（2）留職察看六个月；（在察看期內，薪金照給）

（3）留社察看六个月。（在察看期內，有選舉權，無被選舉權。）

三、社員孫鶴年應即調至總處，察看並受訓育，以便就近協助改進其工作上之弱点和態度。

代主席 艾逖生

临时委员会第廿七次常会

开会日期　廿七年十月十一日下午七时

开会地点　总处办公室

出席人　方学武（代徐伯昕）　艾逖生（代陈锡麟）

吴全衡（代张锡荣）　李济安　金汝楫（代周积涵）

张志民（代张仲实）　黄宝珣（代杜重远）

赵晓恩（代孙明心）　邹韬奋

主席　邹韬奋

记录　艾逖生

（一）提付讨论事项：

(1)雇員晉升為職員之審查問題

說明：關于雇員晉升為職員必須經過審查，在今年五月十六日本会第二十四次常會已有決定；在今年九月九日本會第二十六次常會更決定了審查標準，即應以文化水準佔百分之五十及工作成績佔百分之五十為原則，並推定五人為雇員審查研究委員會委員，在九月廿一日本會舉行臨時會議，又作了如下決定，把審查標準更改為：工作考績表分數佔百分之八十，文化水準分數佔百分之二十。在九月廿三日有重慶分店非社員八人（即尚屬雇員之八人）范鸞禎、馮一予、華鳳夏、沈畝、王志萬、張國鈞、刘靜波、邹峻甫、刘春江等九人共同写一公函给本會各委員，对審查问题提出許多意見，並要求取消原有審查辦法，故今天應將過去曾經决定之審查標準重新提出考慮。

（2）雇員制度是否應予保留：

説明：在社章内本有短期雇員和特约雇員之規定，但新進仝人如未事先言明是雇員性質，過去新進仝人多半都認為是試用職工，試用期滿即為正式職員，六个月以後，升為社員，直到廿五年九月廿四日本會第一次常會規定了以後新進仝人，都為雇員性質，這樣以後即不能成為正式職員由職員而升為社員。因此，雇員逐漸增多，甚至數量超過了社員，最大缺点是無形中雇員和社員当中造成了对立，雇員因不能升為社員，而社員享受同様權利，工作的情緒和積極性不能提高，因之在廿七年五月十三日本會第二十四次常會上規定了雇員可以升為正式職員，由職員而社員，不過須經過一度審查，同時雇員制度仍予保留，這就是說，凡尚未被審查的工作人（指廿五年九月廿四日以後進來的）仍称雇員，事実上在工作方面，雇員和職員沒有丝毫不同，不仝者只是名義而已，現在有些仝人意見，以為最好取消雇員名義，一律改称職員，分為試用正式兩種。這樣就牽涉到雇員制度之存廢問題。

（8）職工試用期中之職業保障問題：

說明：

在廿五年十月八日臨時委員會第二次常會對試用職工曾有過下面幾條重要的規定：（1）員工如經過考試合格，接得本店試用通知書後，必須依照本店規定手續，填具保證書及訂立契約，方可入店試用。（2）試用員工在第一階段經本店考核，成績認為試用合格時，得重行訂立契約，進至第二階段試用，如認為成績不適合時，即在階段終了時，不再續訂契約，作為終止試用。在試用期間，如認為不合格者，得隨時停止試用。在這一規定內，試用職工之職業保障是要看工作成績為標準，如不合格，隨時可以停止試用，現在問題就是：在認為成績不佳，停止試用之時，被停止試用的職員如自認為成績不差，是否有權利可以提出意見來申訴呢？

(4) 分店經理進退職工之權限問題

說明：

如果依照社章，決定職工進退，是屬于人事委員會的權限，因為在人事委員会的權限內，是有決定職工進退一項的規定，經理不過是代為執行，但當時因本店的範圍尚小，只有一个店，人數不多，人事糾紛較少，解决亦甚順利，不久就有了漢口廣州兩个分店，全人增加，决定職工進退，仍由人事委員會執行，已經感到常有許多困難，对每一件人事糾紛，不能很迅速的解决，並且擱误，等到了"八一三"以後，各分店突然增加到了二十個以上，对于人事管理，如不給予分店經理以相當便利，人事委員會實際上是無法行使職權的，因爲有些分店和總處相隔很遠，有些人事是來不及等人委會决定的，分店經理往往辦了以後，再報告總經理，總經理也是辦了以後再報告給臨委會，一向的習慣法是這樣，但因爲總分店的權限不清，以致常常責任不明，所以在廿七年八月四日的臨委會上，通過了關于處理人事方面的兩个决議：

一個是關于總經理的權限的，如左：

「關于人事方面與全体福利有關（如加薪、減薪、裁員）者，由臨時委員會處理，此点早已在臨委會办事細則內規定；惟尚須明白規定而與以補充者，即關于个別人事進退及維持工作紀律獎懲等事，為便利起見，應由總經理与總務部商同處理後報告臨委會，倘對總處不服從者，得向臨委會提出理由申訴，但在臨委會未決定前，總經理与總務部之處理，仍屬有效。」

另外一個決議是關于分店經理權限的，如左：

「凡由總處調派及由各分店調動之員工，與其他員工全様，一律須遵守当地分店工作紀律，並服從經理指揮，如有違犯者，得由該分店經理照章處办後報告總管理處核准，如有对分店經理懲處不服從者，得向總處提出理由申訴，但在總管理處未答覆前，分店經理處理仍屬有效。

在這兩个決議內，第二個関于分店經理權限的決議字句尚不十分清楚，如決議程內說分店經理處罰分店職員以後，報告總管理處，是報告總經理呢，还是報告给臨委會呢？應該明白確定。同時在廿七年八月七日臨委會通過之「分店暫行辦事規則」内第八條第三項關于經理職權說：「管理員工之進退及支配工作，並考核其勤惰」。第四十八條說：「凡在分店工作之員工，不論係當地招考試用或由總處移調者，均由分店經理負責管理」。這樣規定，本與臨委會關于分店經理權限之決議相符合，但在該辦事規則第六條內，卻又是這樣說：

「分店經理及營業、會計、總務各科主任之進退移調，由總副經理決定後報告人事委員會，惟必要時，會計營業總務主任有失職時得由分店經理處置後報告總處經理核准，其他各部份職員及練習生店工之進退，由分店经理决定，但须报告總處核准」。

在這条规定内第六分店营業，会计及总務各科主任之進退由总副经理决定，此与分店经理進退職工權限是否有衝突之處；第六分店经理處理人事报告總经理處後，總经理是否要报告與臨委會？第三，其他職工進退由分店经理决定後，报告總處核准。所謂「總處」意義亦不十分明白。所以為了要使權限分明，对分店進退職工手续，應該補充與以更清楚之確定。

(5) 張通雲君是否應准許復職問題

說明：

張通雲君原為廿五年十月二日在上海考進職員，廿六年十一月间到漢口漢店批發科工作，廿七年二月廿二日于事前未曾獲准請假（總經理徐伯昕先生始終沒有答應）突然自由離職，據稱係赴陕北求學。在廿七年二月二十四日第二十二次之臨時委員會常會对張逸雲君自由離職曾作過如下的決議：張逸英請假未獲核准，擅自離職他去，作自由棄職論。惟當時因尚未能確定張君行止，致該決議尚不能直接通知張君本人；在張君離職數月之後，忽然又在西安本分店自由復職，故在廿七年八月四日臨時委員會會議对張君自由復職又復通過如下決議：張逸英前離漢店時係自由離職，前經臨委會決定予以停職處分。現在西安分店自由復職，應通知陝店不准復職」張君在西安分店接到了該項通知以後，即致書給臨委會代主席鄒先生提出書面意見四點：(1)離漢店時，請假手續，係由臨時委員之一孫夢旦先生代為保證請假，(2)在要回店工作以前，曾有信給徐伯昕先生，說要回店工作，及到西安分店工作以後，亦有信給徐先生報告，徐先生沒有復信，即為允許之表示；(3)當時解職之決議沒有公佈；(4)有四位同事因求學而允許給假，個人亦可援例。張君此四項理由是否充足為另一問題，惟既有意見提出，即應將張君是否准許復職問題，重予考慮和答復張君之意見。

(6) 有眷屬仝人住外津貼問題

說明：過去本店同人凡有眷屬在外寄宿的，本店概不給與津貼，從廿七年七月份起，臨委會曾有決定，對仝人住宿一律供給，關于眷屬仝人因不便在店內寄宿，須住外面，在廿七年六月廿四日的臨委會亦有了一個初步原則的確定，即：因有家眷在外寄宿者得酌給津貼，亦決另定。自確定這一原則後，當時因漢口吳張同人陸續疏散，無暇顧及此事，到今年九月，總處遷渝，臨委會亦改在渝辦公，最近總處總務部因仝人有眷屬住外津貼問題，急待解決，特擬了一個有眷屬仝人住外津貼辦法草案，提交今日之臨委會討論並作最後決定。

(7) 孫鶴年君有自動辭職意，應否給與退職金及川資津貼？

說明：在廿七年十月三日之臨委會會議，本已決定孫鶴年君停職處分改為留社留職察看六個月，並已通知孫鶴年君，但近接本店總經理徐伯昕先生來函，謂「孫君現在書店受此打擊，不擬繼續，希望給與退職金兩個月及最低限度川資，請提交臨委會議決後通知漢店劃付。」不過本会尚未接到孫君正式辭職的信，今天只是根據徐伯昕先生來函，提出討論，即：如孫君真正不願繼續職務，是否可以給予兩個月退職金及最低限度之川資津貼？

(8) 漢店職工朱根興君已停職，應否酌給川資津貼？

說明：

朱根興君到本店來工作，是在上海廿六年一月四日，職任出差，工作不甚努力，常和同事發生爭吵，在漢店曾受儆告一次，最近據總經理徐伯昕先生來函，謂「根興平時工作，除有少數人可指揮外，常常不經請假手續，私自離開職守，屢犯屢戒，極少效果，已于十月三日起辭職，給予退職金兩個月，應否補給川資，亦請商定後通知漢店照付」。因此朱根興君之川資津貼問題要提出討論一下。

(9)社員江鍾淵應否准其銷假工作？

說明：社員江鍾淵原曾請長假，從事歌詠隊救亡工作，近據總經理徐伯昕先生來函，謂「江鍾淵兄請長假，現已去南昌，擬銷假工作，應否准其銷假，請提由臨委會商定，直接通知」。根據徐先生來信，社員江鍾淵應否准其銷假工作？

(10)「我們的生活」月刊係重慶仝人自治會編輯出版，現擬分發給各地仝人，該項寄費是否可由書店負担？

議決事項：

(1) 雇員晉升為職員必須經過審查之原則，仍須保留，惟改為由本會委員根據平時工作考績表予以個別審查，並取消廿七年九月廿一日本會臨時會議所通過之審查辦法。

(2) 雇員制度係在社章內規定，本會無權變更，其存廢問題，須在將要通過之新社章內決定。但取消廿五年九月廿四日本會第一次常會所規定之「添用新人，作為雇員辦理」。凡廿五年九月廿四日以後進店之全人，一律改稱職員（內分試用職員正式任用職員，及特約職員。）

(3) 職員在試用期內，原定任何一方有不滿意時，皆得隨時停止職務，但在試用期內被停之職員如認為有必要時，得向最高臨委會（將來為人事委員會）提出理由申訴，此種申訴當由臨委會斟酌情形，决定接受與否。

(4) 分店需要添用職員，須由分店經理事前向總經理報告核准，後執行，並由總經理轉報臨委會備案。

(5) 關于張通雲君之自由離職和自由復職問題，察孫君所述理由殊不充分。如張君來函之聲辯四點，第一，如謂臨委孫夢旦先生曾保證代為請假，但在張君去後第三天之臨委會上，臨委孫夢旦先生並未將代張君請假之事在本會提出，且臨委會議案須經集體議决，非一個委員所能任意代表；第二，如謂處

次有信給徐先生即無取得合法手續和已經允許之表示，
此點不正確，因徐先生始終沒有復信，亦即可謂對此事沒有全
意之表示；第三，如謂臨委會對解職處分沒有公佈，僅有不准
復職之決議，亦不符合事實，在張君自由離職後之第三天，臨
委會開會即有對張君自由離職加以處分之決議，因當時不明張
君行止，致未能及時通知；第四，如謂其他全事亦可請假求學
因其他全事在請假時，經本店認為工作一時有人代替，可以暫時
離職，故爾准許給假，張君則本店總經理徐伯昕先生始終未
曾允許給假，走時亦未填給假單。為了維持工作紀律，張君
是不應復職，惟本會根據各方面調查，張君過去在本店工作成

績尚屬優良，並已工作多年，為着愛惜幹部起見，本會允將此事予以考慮，開會覆議，決議如左：

根據張通雲君向本會提出可以復職之理由，殊不充分，已如上述，惟念張君工作多年，據調查所得，成績頗佳，復職可予考慮，但仍須徵求總經理兼本會委員徐伯昕先生之意見，藉供參考，以作最後決定。在未作最後決定以前，對前關于張君之停職及不准復職之決議，仍屬有效。

（七）有眷屬个人住外津貼辦法修正通過如左：

生活書店有眷屬員工住外津貼規則

第一條　本店員工在工作當地攜有家眷在外寄宿者得照本規則領受津貼。

49

第二條　員工眷屬以夫婦子女為限。

第三條　凡工役、服務生、練習生和練習員在試用期内，不能領受此項津貼，但職員試用滿三個月者得領受之。

第四條　員工領受住外津貼按照下列標準：

一、凡薪金在五十元以下者月給津貼八元。

二、凡薪金在五十元至百元者月給津貼六元。

三、凡薪金在百元以上者無津貼。

第五條　本津貼按月連同薪金發給，不得預支。

第六條　本規則從廿年十月一日起施行。

第七條　本規則如有未盡事宜，得隨時提出臨時委員會（將來是人事委員會通修改之。

(7) 孫鶴年君此係自動辭職，兩個月退職金不應照給。同時根據廿七年九月廿日本會臨時會議對退職仝人川資津貼之決議，孫君亦不能享受是項川資津貼權利。

(8) 漢店職工朱根興君因過停職，照章得給川資津貼，由漢店負責人酌量發給。

(9) 社員江鍾琳准予銷假工作，惟以江君離社頗久，最好調來總處工作，此事應先商得總經理徐伯昕先生同意後決定。

(10) 關于「我們的生活」月刊，決議如左：

一、重慶仝人自治會編「我們的生活」月刊，本期寄費可由書店負担，

50

但以寄供刊为限。

六、将各分店已有之「我们的生活」集中在渝地总处出版，并通知各分店之「我们的生活」停止出版，藉以节省纸张寄费。

三、为指导并充实「我们的生活」内容，本会特派艾逖生先生代表本会正式参加「我们的生活」编委会。

四、「我们的生活」改由重庆全人自治会及临委会合编出版。

五、「我们的生活」以后一切编辑出版等邮寄费用，全由书店负担。

临时动议：

金逖梓同志提议：

渝分店全人之志尚君与邝根荣君进店工作颇久，薪金低微，此次

七月份總處調整全体同人薪水，王君薪水仍舊，顧君僅增加一元，可否根據王顧二君近日工作情形，重予考慮，

渝分店經理李濟安先生意見：王顧二君最近工作較忙，本人同意對王顧二君考慮酌量增加薪水。

其他各委員共同意見：本店同人加薪規則，原有一定階段，即每半年考慮一次，如有特殊勞績，自亦可以破例隨時酌加，以資鼓勵，故王顧二君加薪應從明年一月份起，予以考慮。至七月份同人調整薪水，未曾加薪或加薪甚少之同人雖多，當然是有原因，惟王君由漢到渝，曾錯過一個階段未曾加薪，可以根據這點來考慮。

51

月报荣君薪水照旧，王志莘君经十月份起加薪弍元

代主席 静修

生活出版合作社

临时委员会会议记录（三）

臨時委員會會議錄

（三）

生活出版合作社

臨時委員會臨時會議

開會日期　廿七年十月十五日下午二時

開會地點　總處二樓

出席人　方學武（代徐伯昕）　艾逖生（代陳錫麟）　吳全衡

（代張錫榮）　李濟安　金汝楫（代周積涵）

張志民（代張仲實）　黄寶珣（代杜重遠）　趙曉恩

（代孫明心）　鄒韜奮

主席　鄒韜奮

記錄　艾逖生

（一）提付討論事項：

人社員孫鶴年君向總經理徐先生提出請病假一年應否照

准案。

孫鶴年君之請假條如左：

「西安分店孫鶴年因患病擬擇地休養，請長假一年，自民

國念柒年拾月捌日起至民国念捌年拾月柒日止，仰請照准

爲盼，此致

徐總經理

社員 孫鶴年 廿七年十月八日」

又，

衡店負責人吳琛君事前未徵仝意，因公赴桂並留漢店因

過停職，職員徐宗福君在店住宿及幫助工作案，

吳琛君給總經理徐先生信：

「宗福兄流浪到此，為了仝事関係，留宿店中，他倒也好，幫店中做了不少事。我決計趁他在此，出去一次，估計往返不過三五日，于是把經濟都交給海青，請宗福襄助幫忙。因為他目前既已不是我店之一員，而這次離店原因未詳，不便重託」。

總經理徐先生來信：

「衡店吳琛兄此次赴桂，事前並未徵詢仝意，更留徐宗福在店內住宿幫忙，似有未妥」。

3. 陝店杜國鈞君因病請長假案：

總經理徐先生來函：

「國鈞兄此次患慢性肺病，完全係積勞所致。國鈞兄過去工作極努力，对于書店極多貢獻，應提請臨委會按照優待条例准予給假兩月，静心休養，兩個月内薪工照給，無任企盼。通過後請用臨委會名義正式去函通知，以昭鄭重。」

六、社員孫夢旦君來信，因病休養，經濟困難，擬將股款向書店抵借一千五百元案。

孫君來信略謂：「店中股款，本可援例抵借，因該店中經濟迥非昔比，雖早曾聲請而不敢催詢，今者休養尚須時日，生活及医藥費用，所需尚鉅，不得不再行要求抵借一千五百元，俾撥還債務，餘作日後生活医药逃难之費，務懇体念下情，俯予照准，函咨金華分店就近撥付，以掎眉目為感。」

5. 渝分店職員沈啟、范廣楨、王志莘致信本會，請求对伊等加薪階段予以注意案。

沈啟等来信摘要：

「我們很希望早點实現在上海時候月薪在三十元以下的練習生每年有四次加薪的機會。……我們呢，從八一三到現在，僅有的一次加薪（七月份）事実是很明顯的還不能和漢店仝人同樣得到合理的調整，拿我們現在的薪水来看，無疑的還是練習生，拿我們的工作来看，比較從前繁重得多」。

6. 渝分店一部分仝人提出幾個関于人事問題交鄒韜奮先生轉請本會解答案。

问题如左：

(1)练习生与以前所谓的雇员，最近改为试用职员，分别在什麽地方？

(2)练习生的工作范围？

(3)练习生的练习期限？

(4)现门市的练习生每月只拿二——四元，这和十——廿元的练习生界限怎样划分？

(5)薪水若干为职员，薪水若干为练习生？

(6)练习生每三月加薪一次呢？还是同职员一样？

(7)经理是否有权加薪水？假如不经过人事委员会决定？

(8) 分店直接用的人，过三個月加薪水，總店来人是否有全樣權利？

7. 總處職員徐植璧君来信懇求寄宿店内不扣津貼案。

(二) 議决事項：

1. 社員孫鶴年君因患病擬擇地休養，請長假一年；惟需要休養一年之重病，須经本店所指定之医生检驗，出証明書，在未经检驗証明以前，对社員孫鶴年君所稱因病請假一年，不能照准。

(2) 衡店吳琛君事前未徵同意赴桂，並留因過停職之職員孫宗福君在店工作住宿，有違工作紀律，應與以書面儆告一次。此外尚有筑店部公文君、萬店周積涵君及粤店陳錫麟君在過去不久亦有擅離職守類似情形，照章亦應分别予以書面勸告一次。

3. 社員杜國鈞君因病請假，確係為公積勞所致，准許給假兩個月並照職工疾病優待條例，病假期內，薪水照給。

4. 社員孫夢旦君因病長期休養需費，准許將社股作抵，先借予伍百元，並即通知總處主計部滙付。

5. 对渝分店職員沈鼓、范廣禎、王志萬等之加薪階段，本會當場令渝分店經理予以注意，

6. 渝分店一部分仝人所提出之问题答復如左：

(1)練習生與職員之分別在于工作能力与經驗。

(2)練習生之工作範圍並無一定，須視練習生对某部门之志趣和能力，然後决定其在何部门工作練習最為適宜。

(3)練習生之練習期限亦無一定，但至少半年以上，如成績優異，月薪增加至二十元時（過去包括膳宿為三十元），即為職員。

(4)门市部練習生之薪水差數是按照工作能力和當地情形来劃分。

(5)薪水在二十元以上者為職員，在二十元以下者為練習生及練習員。

(6)練習生在試用期内加薪階段與試用職員一樣，分為三個月，三個月，六個月三個階段，試用期滿，每半年考應加薪一次，倘成績卓越，隨時可以考慮酌加。

(7)經理增加職員薪水，事前須报告總經理核准，由總經理交由人事委員會備案。

(8)凡僑分店職員薪水，經理皆有權增加，惟事前須报告總經理核准。

丁、關于徐植璧君的決議：

(1)在徐植璧君薪水內，與過去大多數全人一樣，包括有住宿車資津貼，現宿舍既一律由店供給，徐君亦應與其他已扣津貼職員同樣待遇，扣除津貼。

(2)在本年七月份調整全人薪水，徐君薪水並未增加，本會以徐君最近工作頗為努力，從廿七年十一月份起加薪叁元。

臨時動議：

1、胡耐秋君之薪水內，是否包括有住宿車貲津貼？

2、廿六年八月二日臨委會通過之職工調往外埠旅費及假期試行辦法，是否適用于目前之環境？

3、渝分店職員張國鈞君及馮一予君第二階段試用期已經屆滿，工作頗稱努力，是否應予考慮酌量加薪？

4、總處職員秦劍萤君第二階段試用期已經屆滿，是否應予考慮酌量加薪？

決議：

1. 胡耐秋君之薪水確有住宿車資津貼在內，與其他職員合操，應予扣除，惟以胡君工作繁重，且甚努力，從廿七年十一月份起加薪八元。

2. 職工調往外埠旅費及假期，試行辦法追認，今年一月份起暫緩執行。

3. 張國鈞君馮一予君從廿七年十一月份起各加薪弍元。

4. 岳劍瑩君加薪問題，須予工作有關係之負責人商談考慮後再予決定。

代主席 韜奮

臨時委員會臨時會議

開會日期　廿七年十月十七日下午七時

開會地點　總處辦公室

出席人　方學武（代徐伯昕）　艾逖生（代陳錫麟）
李濟安　吳全衡（代張錫榮）　金沚揖（代周積涵）
黃寶珣（代杜重遠）　張志民（代張仲實）　趙曉恩
（代孫明心）　鄒韜奮

主席　鄒韜奮

記錄　艾逖生

（一）討論事項：

八、張逈雲君之復職重予考慮問題

根據十月十一日本會第廿七次常會对張逈雲君復職，認為可予考慮，惟尚須徵求經理兼本會委員徐伯昕先生之意見，現徐先生已有來信，謂「張逈雲事，以過去工作能力言，尚能稱職苦幹，可能造就一新幹部，但為書店紀律計，應由臨委會慎重考慮後決定。」本會因此又開會議考慮。同時对于張逈雲君尚有一事值得提出討論，即當張君到西安分店自由復職時，在十月十九日西安分店因孫鶴年君而引起之人事糾紛，事後據經理張錫榮先生报告謂張逈雲事先閱知事件將發生，並未作有效之劝阻，或報告負責人，應報告總店予以相當處分」。所以関于張君已有兩件事應該受到處分。一件是未准請假，自由離職；一件是對於店人事糾紛，知而不告。

2. 在廿七年十二月十日臨委會廿七次常會通過之「有眷屬員工住外津貼規則」內第三條尚須提出考慮修改。

該規則第三條原文：

「凡工役、服務生、練習生和練習員在試用期內，不能領受此項津貼，但職員試用滿三個月者得領受之。」

3. 廿六年八月二日臨委會通過之「職工疾病死亡津貼試行辦法」內第七條尚須補充，

第七条原文如左：

「各职工如因重病，经本店指定医生证明，连续请假在一個月以上者，其薪水应照下列办法支给之：

1. 任职满五年以上者，病假期内，薪水照给，但至多以三個月为限；

2. 任职满三年以上者，病假期内，薪水减半支给，但至多以三個月为限；

3. 任职满一年以上者，病假期内，薪水减支四分之一，但至多以三個月为限。」

议决：

1. 根據本會十月十一日对張通雲君之決議，根據總經理兼本會臨委徐伯昕先生之意見，根據陝店經理張錫榮先生对張通雲君與七月十九日人事訓练有関之报告，議決如下：第一，本會認為廿七年二月二十日本會給與張君停職之決議，與廿七年八月四日本會对張君不准復職之決議，可以修正，准許復職，為維持工作紀律，仍應予以最後儆告處分。第二，張君准許復職後，得仍回陝店工作。

2. 「有眷屬員工住外津貼規則」第三條修正如左：

「凡工役、服務生、練習生、練習員與職員在試用期內，滿六個月者，亦得領受此項津貼。」

3、「職工疾病死亡津貼試行辦法」第七條補充修正如左：

「7、職工如因重病，經本店指定医生証明，連續請假在一個月以上者，其薪水應照下列辦法支給之。

1、任職滿一年以上者，病假期內，薪水減支四分之一，但至多以三個月為限。

2、任職滿三年以上者，病假期內，薪水減半支給，但至多以三個月為限。

3、任職滿五年以上者，病假期內，薪水照給，但至多以三個月為限。

4、任職滿十年以上者，病假期內，薪水照給，以五個月為限，滿十五年以上者，病假期内，薪水照給，以七個月為限；滿二十年以上者，病假期内，薪水照給，以九個月為限；滿二十五年以上者，病假期内，薪水照給，以一年為限。」

代主席　黎澍

臨時委員會第廿八次常會

開會日期　廿七年十一月一日下午三時

開會地點　總處弍樓

出席人　陳錫麟（艾逖生代）　張錫榮（吳全衡代）

李濟安　周積涵（金汝楫代）　徐伯昕

張仲實　杜重遠（黃寶珣代）　鄒韜奮

孫明心（趙曉恩代）

主席　張仲實

記錄　艾逖生

報告事項

（一）艾逖生先生报告：

今天應予討論的主要事項：第一，是根據本會第廿七次常會議决案「雇員晋升為職員必須經過審查之原則，仍須保留，惟改為由本會委員根據平時工作考績表予以個別審查」，現在本會委員已經將晋升為職員之雇員個別審查完畢，在今天會議上須作最後决定；第二是暫决定理、監人委會人數，以便早日提前改選，結束本會職務；第三是進行選舉並通過新社章問題；第四是增設分支店問題。

（二）徐伯昕先生報告：

1.最近各店動態

a.分支店辦事處共有二十九處，自十月二十日起兩處淪陷（粵漢兩店），現有分店十一處，支店五處，辦事處十一處。

b.漢口的後移（二十日）十月十八日停業，存貨運湘。

c.廣州的撤退（二十三日由桂來電——二十一日晨貨裝船）

d.長沙（正在計劃疏散中）

e.西安（三十日查去書二十種被迫停業，經理張錫榮先生押警局）——三十一日來電，現總處正在設法。

f.南昌（三十日中山路被炸，分店損失未詳）。

g 立煌（因避敵機轟炸，辦事處移鄉间）

h 桂林（村莘任康兩人因空襲在曬台上观望被拘，釋放與否，尚未得桂店報告。）

2. 半年來營業比較

a. 總額近三十八萬（平均每月六萬三千）

b. 營業最好月是三、四、五、三個月，最多為三月份八萬。

c. 營業最好店是漢、粵、陕、渝、湘、蓉、梧、桂。

3. 七月份營業比較

a. 七月份營業總額為六六、四二一、三三（內港店佔一萬四千多）實際僅五萬二千。

b. 七月份（根據）營業情形与去年同月及六月之比較

①漢一萬五千　②港一萬三千　③粵八千

④陝七千　⑤渝四千（近）　⑥湘三千

⑦滇三千　⑧桂三千

c. 漢、粵損失每月（約）二萬餘，估全体營業五分之二

湘、陝（均未計）損失（約）一萬餘，又均估全部五分之一，共均估二分之一以上

六、今後營業的轉變

a. 增設新的根據地

①新加坡

②迪化

b. 充实浙江流动区

c. 沿海岸（汕頭—潮安）

（福州—延平）

d. 川省内地

e. 海陷區（上海—山西）

5. 造貨的佈置與紙張

a. 上海，重慶

b. 桂林

c. 長沙，衡陽

d. 擬與紙廠合作

b. 召開兩會議

a. 營業會議（討論内容）

①確立劃區供應辦法

②確立進貨中心

③暢銷書供應與存貨調整

④分店各項規程

⑤調整營業

⑥出版意見

⑦擴展同業統一折扣

b. 会计會議（討論内容）

(1) 新立会計規程——稽核規程

(2) 各種會計細則

(3) 會計人員的調整。

討論事項：

(一) 到廿七年十月底為止，任職滿一年零六個月以上之雇員（廿五年九月廿四日以後進店者）共有三十八人，根據本會委員個別審查結果是否應予通過為正式職員並晉升為社員案。

(二) 為要迅速結束本會職務，改選成立理事會，人事委員會，及監察委員會，是否應暫決定理人，監委會人數，進行选舉，以便早日健全本社行政机構案。

(三)新社章草案應如何予以迅速通過案。

(四)本店各分店之分散準備與今後擴展方向應如何確定案。

(五)在最短期内召集社員代表會議、營業會議及會计會議案。

議决事項：

(一)通過下列三十人為正式職員並晉升為社員，各人社股從十一月份起照章十由會计科扣繳。

徐桂璧　邵晓甫　楊永祥　王志萬　金世楨

李仁哉　胡遵坤　任乾英　金偉民　袁絅
黄宝元　甘蘧園　陳國樑　范廣楨　羅穎
陳雲才　張春生　杜福泰　沈敷　許三新
馮成就　區鑑　瞿悦明　馮景耀　王紹陽
洪俊涛　謝玲水　吴琛　夏長貴　王敬德

下列五人，因工作考績不佳，除通知各本人对工作應予注意外，暫緩晉升為社員（依照本會五月十三日第廿次常會決定，不合格者六个月後再予審核一次），但照章仍得為正式職員！

魯名年　陳樹南　濮光達　盧錦存　談春芜

下列三人，工作考績欠佳，尚待考察，暫緩晉升為社員！

黄孝蘋　章德宣　陸敬士

（二）暫決定理事會理事十一人，另候補理事兩人；人事委員會委員九人，連同總經理及理事會主席共十一人，另候補委員兩人；監察委員會委員三人，另候補委員二人。為求迅速起見，理、人、監委會委員之選舉與通過新社章同時進行，俟新社章通過後，再根據新社章確定理、人、監委會人數。

（三）社章草案，經十一月一日起，悉心討論，各地分支店同人所提意見，應先召集重慶分店及總處同人聯席會議，加以整理，再分發各地同人表決，上述會議須於十一月五日晚舉行。

(四)為配合抗戰新形勢與需要起見，本店今後佈置與擴展方向如左：

1.在新加坡設立分店以應南洋各地讀者之需要：

a.派甘遽園、包士俊、馮景耀三位前去積極籌備，應在十二月初動身前往；

b.港店調孟漢臣君前往主持。

2.在迪化設立分店，以應西北讀者之需要。

a.應在迪化建立出版與造貨中心，以供給西北需要。

b.詳細計劃應俟接得杜重遠先生及薩空了先生報告後決定。

3. 廣州撤退全人，分散南寧、桂林等處：

a. 周幼瑞（暫行職務由陳文江接替）、許三新兩君調南寧；

b. 莫志恒、陸鳳祥調桂林。

4. 漢口撤退全人，分散浙江、福建、廣東等處：

a. 一部分至金華、丽水、餘姚等處。

b. 黃寶元、羅穎至福州，福州辦事處一緊時，可撤退延平。

c. 彭一凡、陳云才至汕頭，汕頭辦事處一緊時，可退潮安。

5. 武漢撤退後，湘省吃緊，長沙分店應早日準備：

a. 存貨分散于吉安及沅陵兩店；

b. 增設寶慶支店；

c. 如萬一撤退，仝人可分散于常德、沅陵、兩店。

6、為防萬一起見，西安分店應早日準備：

a. 存貨分散于南鄭及蘭州兩處；

b. 如萬一撤退，仝人可分散於南鄭、蘭州兩店。

7. 宜昌如萬一吃緊，辦事處應移往施南營業，

8. 擴充酆都營業處，加派一位幹練仝人前往襄助

9. 梧州分店為防萬一起見，亦應早日準備：

a. 存貨須分散于南寧、柳州兩處外，大部運貴陽。

b. 如萬一撤退，仝人可分散于邕、柳、桂諸店。

10. 擴展四川內地：

a. 嘉定籌設支店，人員由渝店抽調；

b. 資中籌設支店，人員由蓉店抽調。

11. 迅速建立桂林第二中心。

（五）本社社章與改選，須由全體社員投票表決，故代表會議緩開。營業會議及會計會議和侭可能在今年十二月以前召集。

臨時動議：

胡愈之先生原為本社社員，現決重返本店工作，故其社員資格是否應即立予恢復案。

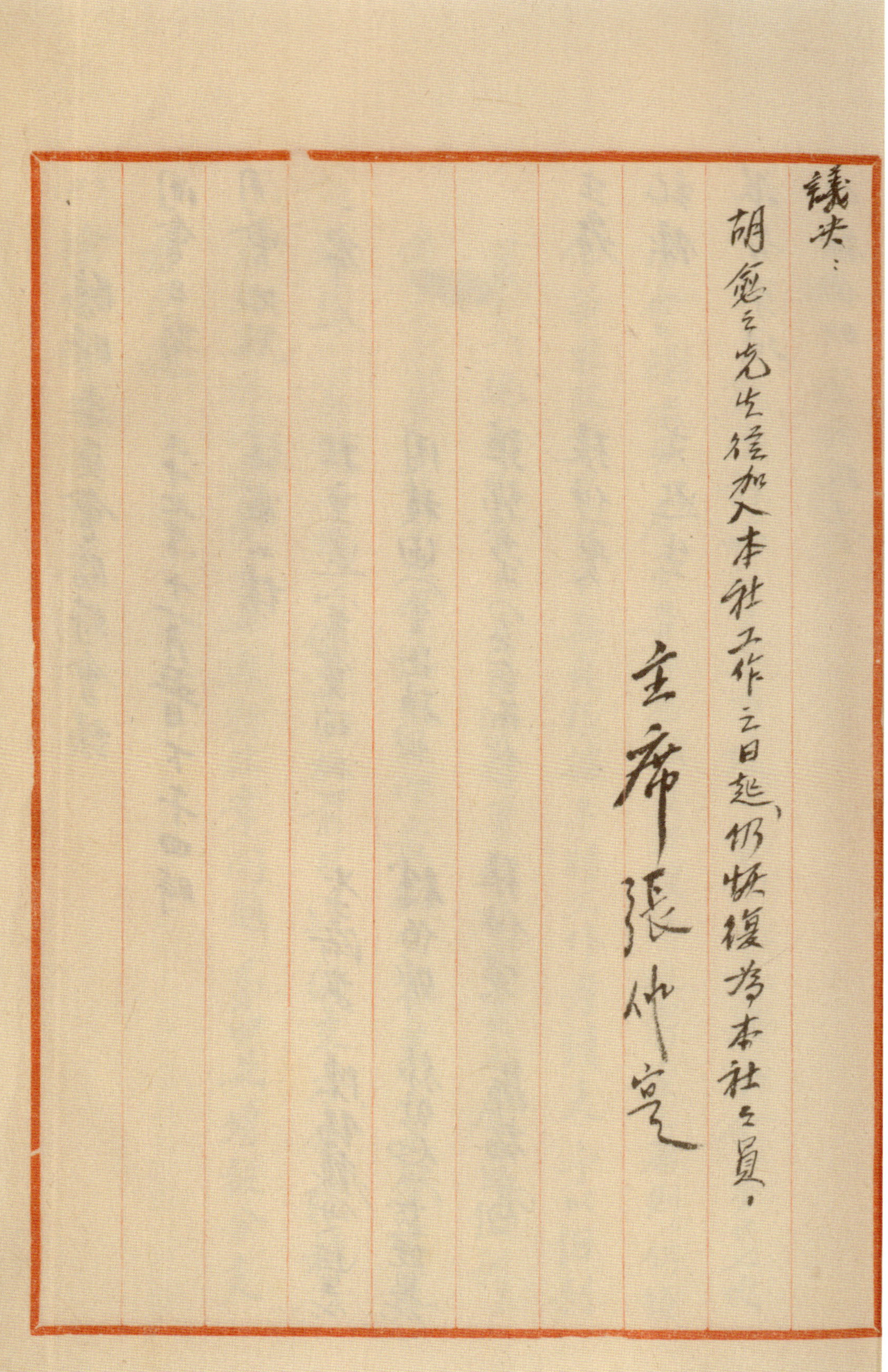
議决：
胡愈之先生於加入本社工作之日起，仍恢復為本社社員。
主席 張仲實

臨時委員會臨時會議

開會日期 二十七年十一月五日下午四時

開會地點 總處二樓

出席人 杜重遠（黃寶珣代） 李濟安 陳錫麟（艾逖生代）
周積涵（金汝楫代） 徐伯昕 孫明心（趙曉恩代）
張錫榮（吳全衡代） 張仲實 鄒韜奮

主席 張仲實

記錄 艾逖生

報告事項

（一）徐伯昕先生報告

一、漢店撤退情形：

最近接到漢店負責人嚴長衍先生由湘店来函報告漢店撤退情形甚詳，漢店已于十月二十一日全部结束，漢店全体同人于二十四日安抵湘店。此次離漢時經三日之整理，除漢店门市存貨無法带湘外，其他一應要件，日用傢具，賬册文件，均隨带来湘。至门市存貨五十餘包悉数運宜，在二十二日晚间上船，由趙友押上。其他如電话機、電扇，電灯文具，招牌字，均掃数拆運带走。店中僅遺有少数之笨重傢具，損失極微，交通路店屋空鎖中，具安里棧房（無存貨）已托人代管。

二、陕店被迫停業及張錫榮先生被押經過。

這次陝店查書以致被迫停業之表面理由為："過去查禁的書，不該又重新印賣"。事情發生是在十月三十日早晨八時，由警察第二分局局長親自到店搜查，十分嚴重，查去王明、毛澤東等著作多種，當即帶走張錫榮先生，並不准營業。總處當日晚上接到陝店急電，即由韜奮先生在各方設法奔走，請國民黨中央黨部宣傳部長周佛海電陝省黨部解釋，[同時由國民參政會汪議長及軍委會四川行營主任張岳軍分別致電西安黨政當局疏解，]十一月二日陝省黨部有復電給中宣部，大意謂："西安生活書店前因印售違禁書籍，經有警局傳案詰釋，現又秘密印售，被軍警大批查獲，致有傳訊經理飭辦之事。現擬商請軍警當局如訊無別情，當即從寬處理"。照此電報推測，事情不會如何嚴重，十一月二日總處接西安急電謂陝店十一月一日恢復營業。四日又接陝店急電，謂張錫榮先生已釋放，因此，西安之事件已算暫告一段落。

討論事項：

一、在廿七年六月廿四日本會臨時會議所擬定之名譽社員黄任之等十六人，應予迅速審定通過案。

二、本日晚上八時一刻總處及分店全体全人在分店討論社章草案，討論方式應預先由本會確定案。

三、世界知識發行人畢雲程先生之薪水，是否應予補發案。

議決事項：

1、先予決定江問漁、沈鈞儒、黃任之、楊衛玉、張志讓、蔡承新等六先生為本社名譽社員，由本會向全體社員提出，用通訊投票表決。

二、本日晚上八時一刻討論社章草案方式如左：

1、由本會推定張仲實先生為社章討論大會主席，

2、臨時由大會推舉書記二人，數票者二人，管理發言時間者一人。

3、每人發言時間以三分鐘為標準，最多不能超過五分鐘。

4、討論時間從下午八時一刻起至十時半為止。

三、關于畢雲程先生薪水補發議決如左：

1、從廿六年八月起至廿七年十月底止，畢雲程先生薪水

應予補發照付。

6.畢雲程先生原為本社社員，過去曾因事退出本社，經廿七年十一月會起仍恢復為本社社員，社股由補發薪水內扣繳五百元。

7.畢雲程先生過去在上海因事不克到店办公，現有此可能，經十一月份起，應由本會通知畢先生請到店來照常工作處理與世界知識社有關事務。

臨時動議：

徐伯昕先生動議：本店現因須大量使用土紙，為保証土紙供給來源，不發生困難，需要自行製造土紙，獨資設立柳條與人合辦，應由本會詳細討論並予以最後決定。

議決：

設立造紙廠計劃尚須精密研究，特組織研究委員會負責進行，指定李濟安、張志民、汪允安三先生為研究委員會委員，由李濟安先生負責召集。

主席 張仲實

臨時委員會第廿九次常會

開會日期　廿七年十一月廿三日下午三時

開會地點　總處二樓

出席人　李濟安　杜重遠（黄寶珣代）　周積涵（金兆梓代）

陳錫麟（艾逖生代）　徐伯昕　孫明心（趙曉恩代）

張錫榮（吴全衡代）　張仲實　鄒韜奮

主席　張仲實

紀録　趙曉恩

報告事項：

（一）徐伯昕先生報告

1. 各店發移與籌備分支店情形

I. 發移情形

a. 粤店存貨已運出二百包，尚有三百二十餘包及三十二箱尚未運到；

b. 漢店存貨由職工徐道友隨身運宜，係乘新浦輪，至今尚無消息，正在多方查詢中；

c. 湘店已于本月十三日分遷邵陽、沅陵兩處。

II. 分支店籌備情形

a. 柳州支店已于十一月十日正式開幕，地址在培新街四十九號樓下鋪面一間，月租卅二元。

1. 南寧支店於十一月十五日正式開幕，地址在興寧路三十九号三樓一幢，月租十七元半。

2. 紙廠籌備情形

關於紙廠籌備事，已組織一小組委員會調查研究，大致就緒，現正在物色技術人才，俟經濟部中央工業實驗所擬介紹之胡廣之君孜查合格後，即可約期詳談，決定進行。

3. 重慶分店擬于十一月廿七日（星期日）舉行義賣獻金運動一天，約書價值弍百元，推廣費用一百元。

（二）艾逖生先生報告：

一、社章草案已由渝地全人研究整理完畢，不久即付油印好，分發各地社員，請其作最後表決。

二、關于進行選舉及通過社章等手續，已經草就「選舉須知」及社章草案表決須知」等，擬交本會本次會議審定通過。

三、關于通過名譽社員手續及每一名譽社員之履歷，皆已擬就，惟根據廿七年十一月五日本會臨時會議名譽社員決定為六人，現擬暫改為四人，即為江向漁、沈鈞儒、黃任之、楊衛玉等四人。

討論事項：

(一)社章草案、「選舉須知」、「社章草案表決須知」應如何審定案。

(二)審定名譽社員履歷及修正廿七年十一月五日本會对名譽社員决定案。

(三)社員孫鶴年君不遵守本會廿七年十月三日臨時會議決議，迄不到職，應如何處理案。

(四)胡耐秋、華風夏、趙志成、張遍雲等四君在本社工作至本年十一月底止已滿一年六個月以上，依照本會規定，如由本會審查合格，得晋升為社員，請予審查通過案。

(五)港店同人因港幣上漲、國幣低落，請求確立固定國港幣

折實率發給薪金案

(六)渝地全人要求津貼調赴外埠之員工攜帶直屬親系旅費案。

(七)黄寶珣君具函要求發還並經常照給前在上海会计科誤扣之薪金八元案

(八)世界知識發行人畢雲程先生在渝之工作應如何解決案。

議決：

(一)"社章草案"、"選舉須知"、"社章草案表決須知"照原文通過，但文字在會後交由本會委員傳觀審定。

(二)修正廿七年十一月五日本會对名誉社員決議，先決定沈鈞儒、黄任之、汪問漁、楊衛玉等四先生為名譽社員，並由本會向全体社員提出通過。

(三)社員孫鶴年君不遵守本會廿七年十月三日臨時會議決議，延不到職，應視為自動棄職，脫離本社，除設法通知孫君外，並通知陝店會計科發還社股，清理銀錢手續。

(四)通過胡耐秋、華風夏、趙志成、張通雲等四君晉升為社員，除由本會通知各本人外，各人社股從十二月份起照章由會計科扣繳。

(五)關于港店仝人薪金發給折扣之確定，請總經理會同會計科研究後，擬定辦法，迅速函復港店仝人，該辦法留交下屆本會追認。

（六）關于調遷外埠員工攜帶直屬親系之旅費津貼，請總經理會同會計科詳加研究，擬具辦法，交下屆本會通過公布。

（七）關于会計科誤扣黃寶珣君之薪金扣之，查確係誤扣，應予補還並經常照給，尚有陸鳳祥君之薪金誤扣，係與黃君同樣情形，故亦應與黃君同樣辦理。

（八）世界知識發行人畢雲程先生之具体工作，待胡愈之先生來後商會決定。

臨時動議：

李濟安先生臨時動議：前因上海滙水上漲，滬店通知各各仝人暫請停止匯劃款項，以免滬店遭受貼水損失；但仝人家眷多半留居上海，須按月接濟，如由銀行或郵局匯兌，諸感不便，因此，為顧念仝人此種困難情形，不應概予停止，本人提議匯劃仍應照舊，惟對匯款數量或可酌予限制。

議決：

請總經理會同會計科商同擬定限制匯款辦法，交下屆本會討論通過。

主席 張仲實

臨時委員會第三十次常會

時間　廿七年十二月廿日下午三時半

地點　總処二樓

出席人　李濟安　杜重遠（黃寶珣代）　周積涵（金汝楫代）　陳錫麟（艾逖生代）　徐伯昕　張錫榮　張仲寔　孫明心　鄒韜奮

主席　張仲實

記錄　艾逖生

報告事項：

（一）徐伯昕先生報告業務

1.營業方面　七月份營業總額為六七，四六四，七六，八月份為七〇，四九六，三〇，九月份為七四，五四一，六五，十月份為約六〇，〇〇〇，〇〇。下半年各月營業額與上半年每月平均額七〇，四三八，八九之比較，十月份以後恐將銳減。

2.各店動態　A.沿海區：福建南平支店成立，江西南昌、臨川設支店，後以該地環境惡劣，改在遂川成立支店以留退步；新加坡分店可在下月初出發籌備。B.西南區，廣西南寧，梧州已在籌備後移，南寧移到欽州，梧州暫向桂平流動，最後至宜山成立支店；C.華西區：湖南邵陽已在籌備，零陵暫作衡陽之後棧，將來以湘市縣有起色，長沙分店可予復核，則邵、陵兩店均可停止。

C.華西區：四川擬設樂山支店；湖北巴東恩施在籌備中。D.西北區：迪化在計劃中。

3.造貨佈置 A.桂林已在開始。B.暢銷貨三十二種已通知廠店提印，並有七種要趕加打紙型，桂、渝兩方面在紙型分别交換重印。

4.營業會議 下星期一起每日上午八時至十時召開營業會議，檢討過去工作缺點，商定將來改進辦法，重要問題有：A.改訂零售價問題；B.暢銷書借店問題；C.分店進貨詳閱紀錄。

（二）艾逖生先生報告人事

1. 增加社員問題　在此次本社選舉事宜未進行以前，根據本会廿七年十二月一日第廿八次常会通过增加之新社員共三十八人，在本会廿九次常会又通过社員四人，連过去之社員共一百十四人。

2. 通过社章草案　本社舊有社章因内容欠完善，已經修改。到今年十二月八日，已由總处將案集合全體社員意見擬成草案，用最快捷方法發信分地分處，請各地社員正式决定通过。預計於一個月以後，本社將成立正式新社章。

3、關於臨時委員會改選及成立正式理事會、人事委員會、監察委員會問題 此問題已由通過新社章同時進行，根據本會第廿八次常會議決：「暫決定理事會理事十六人，另候補理事二人；人事委員會委員九人，連同經理及理事會主席共十一人，另候補委員二人；監察委員三人，另候補委員二人。社員選舉票已於十二月發給各分店負責人轉交社員，該項選舉手續，約計一個月以內可以完畢。」

4、西安分店最近有一個關於人事的報告給本會，其內容如下：「鹿懷寶，私賣書籍所款不曾付錢，私取開同人的箱子与信件檢查，私自外出不曾請假，工作疏忽錯誤，对待同人態度傲慢；除賠償所損物質損失外，無故怠應予以試用三個月察看之懲戒。荀志廉，無故怠忽所担任之挑水職務；應予以書面勸告之懲戒。李蒲泉，請假不准，仍私自外出，逾二小時不来；應予以書面勸告之懲戒。賀開先，同意將無數票子存根作廢，未報告負責人；應予以口頭勸告之懲戒。王福田，無故怠忽所担任之挑水職務；應予以書面勸告之懲戒。上請示本會解決是否妥當。

討論事項

(一)要公布經理張錫榮之人事報告

(二)社員杜國鈞辭職求學問題

(三)營業同人請求批准因家庭之事務暫不變更問題

(四)同人匯款由總分店中代匯劃並匯出應如何計算問題

(五)同人調動旅費暨眷屬旅費調動津貼問題

(六)社員莫志恒因調動給特別津貼旅費問題

(七)新來讀者內容審查問題及日期計算

(八)本社職員回家旅費津貼問題

(九)同人加薪問題

(十)「我們的生活」之集中統一出版問題

議決事項

(一)關於陝分店經理對人事之處置，本會認為處置得當，應予以追認；將該處置辦法作為人事考績之參考。

(二)對社員杜國鈞之辭職求學問題，以社員杜國鈞在店服務多年，努力著績，此次求學心切，去志堅決，應准許請假；並用書面懇切慰留。

(三)對港分店同人之薪水受損失津貼辦法，仍照原定辦法處理，惟最近外匯高漲時，其受損折扣低過六折時，仍照六折發給。過去在六折以下發給之薪水，應按照六折補足之。

(四)各地同人由本店代為匯薪至原籍，應照以下列規定辦理：一、每月每人最多不過二十元，過此損失，由本人負擔；2. 凡薪水在五十元以下者得享受上項權利；3. 如發現係為代別人匯划者即永遠取消其享受上項權利。

(五) 同人因工作調動而携帶眷屬者，得領受旅費津貼，其辦法如左：1. 該項津貼以母、夫、妻、子、女為限；2. 津貼旅費以三等車船票為限；3. 依照全程車站票作津貼半數，最多不得超過一百元；4. 本辦法自廿六年一月一日起施行。

(六) 莫志恒君在過去半年內職務調動連續至三次以上，攜帶眷屬，所耗旅費頗巨，得根據携眷屬所耗旅費，特予酌量津贴三分之一。以资同人调剂为拔脊处，依照上列第五条第三、四段。

（七）新章续表内容尚需修正改，交由本会委员个别审阅补充，提交下次会议通过。

（八）职员回家旅费津贴及日期计算办法如下：1.凡服务一年以上之职员调任外埠，因已结婚须于每年终或年初回家者，得津贴旅费一半；2.该项津贴以月薪金在一百五十元以下者始能享受；3.每年该项以三星期为限；4.请假回家，除途中日程不计外，余作请假论，在每年例假中照扣；5.上项办法从廿八年一月一日起施行。

（九）全体同人薪给，除练习生每三月改叙一次外，向例每半年考虑一次，本届加薪，应于廿六年一月十六日前决定。根据新考绩表审核办理，惟新加入同人不及准时审到者，应一律概从廿六年一月份起照补。

（十）同人编印之「我们的生活」月刊，曾经廿七年十月十一日第廿次临委会决定，由渝地集中出版，现以战时期间，交通困难，拟另编集中出版，拟分区发行，交由艾逖生先生拟定办法和原则，留待下次讨论。

代主席 [illegible]

臨時委員會臨時會議

時間 廿七年十二月卅一日

地点 總处二樓

出席人 李濟安 杜重遠（黄寶珣代） 周積涵（金安椿代） 陳錫麟（艾逖生代） 徐伯昕 張錫榮 孫明心 鄒韜奮 張仲實

主席 張仲實

紀錄 艾逖生

報告事項

一、徐伯昕先生報告業務

1. 關於營業會議 為檢討本店過去工作的缺點，擬定將來之方針起見，本店最近在滬召開營業會議，參加者為：張錫榮、孫明心、邵公文、諸志民、李濟安、汪允安、趙曉恩、徐伯昕。議決重要事項如左：

A. 關於改訂定價問題 一、新版書定價，內地發售者卅二開本每頁（面）以三厘為標準，沿海區以每頁（面）三厘五毫為標準，即兩種版本分別發售。此項標準得依照出版物之專門性或普通性酌量伸縮。 二、再版書抽版稅者照第一條辦法改訂定價，惟版稅仍照原定價抽取。不抽版稅者每頁（面）以二厘七毫為標準。

三、採用改订定价办法，按页定价，取消原有加成办法。

四、本版货以不加价为原则，惟一部份畅销书按照第二条办法改订定价出售，由总处确定后通知各分店实行之。

五、改订定价后，同行批价外埠仍照七五折计算，邮费包裹费每包三分另加，惟对邮局有同行，邮费照省内减收，以便同行直接向总店中心添货。本埠批价改照八五折计算。（同行销路虽是减少，按照一般同行往来店方，订货书款不退之原则）

六、收换接管书局之改订定价书，费用较低，仍照原定价计算之。

B. 關於造貨問題 一、按照一專轄內容及該地需要情形，分全部書籍為暢銷、常銷、滯銷、絕版四等，凡已完分印造貨。印數比例，以暢銷為百分之百，常銷為百分之五十，滯銷為百分之二十五為準。 二、按照營業及當地需要情形，分各分支店為甲、乙、丙、丁四等，各店暢銷貨發售量，以甲等為百分之百，乙等為百分之五十，丙等為百分之二十，丁等為百分之七為準。 三、依據上列二項方法，決定印造何書，及印造數量多少。 四、每書依照筆劃，書名首三字，英文字母等。

C. 關於劃區管理業務問題 一、劃上海、浙、皖、贛、闽、粤、港、新加坡为沿海区。设分管理处于香港，管理该区内业务。以上海为进货、发货之中心。渐谋增加以香港为营业中心。港九成立以港粤两营业中心，其余各店营业各自独立。 二、划桂、湘及粤北为西南区，以桂林为进货、发货兼营业之中心。设主任一人主持该区内业务，并兼任桂林分店经理。 三、划云南为西南特区，以昆明为营业中心，货物由上海供应，昆明并为转发内地货物之中心。受总处直接管理。 四、划川、黔、鄂、康为西南区，以重庆为进货、发货兼营业之中心。区内各店由总处兼管。 五、划陕、甘、宁为西北区，营业各自独立之，惟发行（除陆续出因数全数，西北区全数发行集中西安办外）概归重庆办理。区内各店均受其直接领导。六、划新疆为西北特区，以迪化为进货、出版货及营业之中心。除经营业务外，并供应西北区、华北区货物。七、划晋冀为华北区，以长治为出货、出版货及其营业之中心。八、桂林、柳州、赣州、进货均集中于桂区内营业中心（沿海区进货以上海为中心）之各店办理。无中心各店均则独立办理。

D、关于分支店调正问题 一、沿海区除上海、金华、丽水立煌、南昌、南平、香港外，擬設潮州、屯溪、遂川、梅縣、汕頭、新加坡，收縮餘姚、吉安。二、西南區除桂林、柳州、沅陵、衡陽、昆明外，恢復長沙，擬設貴陽，收縮桂平、百色、邵陽、零陵。梧州準備遷宜山，南寧準備遷欽州。三、西北區除西安、南鄭、蘭州外，擬設延安、洛陽、迪化，收縮天水。四、華西區除重慶、成都、貴陽、宜昌、萬縣外，擬設嘉定，收縮酆都、閬中、巴東、恩施。五、華北區擬設長治。

2、籌設迪化分店

關於在迪化籌設分店，現已擬定一籌備大綱，其內容如左：

A.主要任务　推广新省文化，以自负盈亏之原则向新省各地深入发展。供应西北区（包括甘、宁、青、新）精神食粮。收印正确理论书籍，并编译苏联名著。建立初步印刷基础。

B.营业方针　在新省区内，本版书作七成，本加调支委托行之作出售，以提高新省文化水平；外版书以服务为原则。　在新省区外之本版书刊，仍照本社原有办法办理。

C.资金　暂定为玖万伍千元。　发本版书四千元外版書一千元。

D、工作人員 經理一人，會計一人，總務兼進貨一人，營業即門市批發二人，管理出版一人。

E、營業概略 根據當地情形分別漸進。

F、籌備事項 經理、會計、總務三人於十二月底來桂茂陵兩先生同往籌備。其餘人員於明年一月抽貨前往。又希望能在三月一日正式開幕。大部份貨試由上海運由西北和西南轉往，由印份交貨帶去。準備集中西北區暢銷書紙形帶去重印發售。接洽外版暢銷書紙型一併運往翻曰、印。搜集之圖書於西北區需要之課本全套如下：

壹、甲、文化社會、政治、經濟、哲學書籍；乙、中國問題叢書；丙、國際問題叢書；丁、抗戰下代表冊。

討論事項

(一) 通化分社籌備大綱案

(二) 廿八年一月份起同人加薪標準

(三) 提高低薪收入待遇案

(四) 張仲實先生請假起薪標準案

(五) 同人升工升薪辦法

(六) 購置運輸卡車以利運輸案

议决事项

(一)通过。

(二)本店加薪标准，除仍依照原来请表审核外，并应顾到当地生活程度。

(三)对低薪水之薪水待遇规定如下：练习生开始月薪八元，练习员开始月薪十五元，职员开始月薪二十元，膳宿均仍由店供给。又根据廿七年六月十四日临委会第廿次常会议决，凡员工因事调遣，得因当地生活程度及事实需要，酌给津贴。该项津贴办法请张锡荣、邵公文、孙明心三位同仁研究，订定原则，交由下次会复付论。

（四）张仲实先生请假赴新疆，办法如下：甲、准许请假二个月；乙、临委会主席请邹韬奋先生代理；丙、临委会出席请郭沫若先生代表；丁、仍为本店编审委员会委员，主持新疆迪化分店编辑事务。

（五）同仁于每年除了升级升工，应以营利为根据，过去编辑印刷人员因不营利，故无升工。依理说照常营利，向例不能升工，但每年明文规定之，故依经理之升工应同样办法。

（六）运货卡车新购一辆，车价约在一万二千元左右。

臨時動議

(一)前以翻譯人、業務總務兩君到本社任職日期計算有誤，現自去廿七年十月底經審查合格通過，改以取得社員資格並參加本社選舉。現查前翻譯人、業務總務兩君經已於去年十二月底分別經審查合格通過，取得社員資格，時間相差一月，應如何妥辦案

議決

(一)擬用正式通知翻譯人、業務總務兩君詳爲解釋外，對此於本社選舉下列、業務總務所投之票作爲無效。

代主席 韜奮

臨時委員會第三十一次常會

時間　一月十日上午十時

地點　總処二樓

出席人　李濟安　杜重遠（黃寶珣代）　周積涵（金汝楷代）　陳錫麟（艾逖生代）　徐伯昕　張錫榮　孫明心　張仲實（邵公文代）

主席　鄒韜奮代　鄒韜奮

記錄　艾逖生

報告事項

(一)鄒韜奮先生報告本社機構業已先事整頓，並重要部門及人選如下：總經理、經理下秘書處，主任張錫榮；設生產部，主任汝錫麟；設營業部，主任孫明心；設服務部，主任擬聘請陶寶般。並分設東南區管理處於香港，主任甘蘧園；分設西南區管理處嚴長衍。並設編審委員會，主席胡愈之，副主席沈志遠、金仲華。

討論事項

（一）徐伯昕先生提出總經理職務問題

（二）艾逖生先生提出辭本會秘書職務問題

（三）加薪標準及方法修訂問題

議決事項

（一）徐伯昕先生辭總經理職照准。徐先生改任經理職務，惟對外業務上之方便，仍須間用徐先生名義。

（二）本會推選鄒韜奮為本店總經理，代表本會主持業務。

（三）本會秘書艾逖生先生辭職照准。改推張錫榮擔任本會秘書職務。

（四）加推李濟安、張志民兩君會同張錫榮、邵公文、孫明心五人組織薪給標準研究委員會，研究薪給標準。

代主席 [illegible]

临时委员会第三十二次常会

日期　一月廿六日下午三时

地点　总处二楼

出席人　李济安　徐伯昕　张锡荣　孙明心　张仲实　（邵公文代）　杜重远（黄宝珣代）　陈钖麟（艾逖生代）　周积涵（金汝梅代）　邹韬奋

报告事项

（一）徐伯昕

主席　邹韬奋代

记录　张锡荣代

報告事項

(一) 徐伯昕先生報告

1. 各店營業狀況　十月份營業總額為四八、三〇九、九九元，較上半年平均數少二九、〇四四、一八元。計滬二、三三四、八八，陝九、三八九、四九，渝五、三七〇、三三，桂四、二六六、八一，港三、九〇一、四，筑三、〇八九、七四，廣二、九四六、九九，萬一、八六六、九三，蘭一、八〇五、九一，蓉一、六七一、六〇，沅一、三五六、〇五，湘六六七、八八，梧五九三、七一，南鄭二八四、九九，天水六三、六七；尚有宜昌、衡陽未到。十一月份已收到報告者蘭三、〇六四、三二，廣二、四二三、八九，沅一、六三八、三九。

2. 各店近況　上海遠東上月二十三日被搜查，搜去書店圖章二枚及薛暮桥信件等。黄、蔡、苏被侦探捕房并被押,经蔡家有人出头始允详查后释放。此事起因于捕房于印刷时适值搜被查出所印单,现正设法进行营救中。香港房屋租期已满,立报提出抗议,现用两种方法进行:一、请商店借用,稍加房租;二、直接向大房东续租,约需千余元挖费,尚在接洽中。南平元旦开幕,售一百五十余元,福州已由一九三九筹备中。吉安于十一月廿五日被搜查,并将江钟两君拘捕后,现已于十二月廿五日恢复自由,继续事尚未结束。南昌十二月廿二恢复营业,第一天售四百余元。遂川十二月十八日开幕第一日售一百余元。桂林两次狂炸均无恙,元旦义卖献金得二〇〇四·二〇元,内有但主任二百元，費想初一百元。各廠茶房均踴躍參加，成績最好。

桂平、百色兩流動性店已於一月三日、二日成立，第一天售八四元、四十餘元。天水收縮後在延安設立安生書店。鄰郵、閬江已將縮併入萬縣。萬縣一月兩狂炸，西安。陝一月十八狂炸，陶廬也遭，原所貨棧均炸毀，存書損失。蘭州查禁二十九種，內係內政部注冊者十二種，一部份已呈內政部交涉。樂山已租妥房屋在裝修中。店房自建房屋，計造價四四〇〇〇元，當時不出租費，惟以十年爲期，十年內如遷讓時可照造價按年數收回成數，十年以外，無條件交還女子銀行。現因該屋已由姚蓬萊轉讓許茂祥經，該行以下面已退租，遠東又不能說明即生经，致不能履行契约。

(二)邵公文先生报告 此次本店拟添用工作人员廿五人，招考结果甚坏，只取五人，其中二人因年龄关系尚在考虑中。请人委会订何方案，负责於一月廿日进行。选举案各地已大部份寄到，未到者十分之二，已分函催促，请确定最後截止期。

(三)艾逖生先生报告 编审委员会已於一月一日成立，属总处管理。已开会三次，制定本年生产计划，计八百余万字，迄分别担任编辑。重版书均须审阅。

(四)邹韬奋先生报告 编委委员人员已聘定，並略增酬報。胡愈之任主席，給十二月、一月酬各二百元，二月份起按月一百元。金仲華任副主席，二月份起按月五十元。委員戈寶權、柳湜、艾逖生各加三十元。沈志遠任副主席，按月十五元。其他各雜志（本版）主編均為委員。服務部請陶宅般任主任，偏重營業區服務工作，酬給月薪一百元，二月份起。擬聘張知新為戰地服務科主任兼服務部副主任，月薪七十五元。

討論事項

（一）選舉票最後截止期確定案

（二）關於鄒韜奮先生兩報告核准案

（三）修改試用職員到職須知及手續案

（四）开办职工训练班案

（五）张通云请病假半年、朱树庭请假一年、殷益文、王锦云、周保昌续假各一年案

（六）沈敬、徐啟云对疾病津贴办法之误解应予解释案

（七）孙鹤年质问取消社员地位应予驳覆案

（八）核准工作人员登记表、工作月报表及考绩表案

议决事项

（一）确定二月十五日为选举票收集最后截止期。

（二）试用职员到职须知应按照规则新办法予以修正，由总经理处经理会同总务部修改之。试用职员到职改用填写志

類書，取消訂立契約辦法。

（三）舉辦職工學術研究班，分思想與技術兩部份，思想為必修科，技術為選修科，只少選修一種。每星期兩次，研究筆記須交經理考閱，成績優良者酌給獎金。除經理、副經理、編委及部主任外，均須參加。

（四）張通電因在南鄭肺病復發，請假半年照准。朱樹之廖因在成都學習航空，請假一年照准。殷蕙文、王錦雲、周鏡白因在栒邑求學，請假一年照准。

（五）關於醫藥津貼之誤解兩點，應解釋如下：A.任職期係依照實際計算，如連續請假滿一月者，按月扣除，不計算在任職期内。B、医药津貼只限極医治方面，如洗牙、鑲牙、吃補品等積極衛生方面者，不在津貼範圍之内。过去对此有誤解者，應予糾正。

（六）為明瞭各地工作人員勤惰勞績起見，須製定個別簽到表，工作月報表，勤惰月報表（經理填）及每月考績表（經理填），交總務部擬定，經總經理核定分發之。

（七）孫鶴年來信所稱「此次路費，係向總經理辦过請假手續，且已蒙當面准許（按章總經理有權准假）」。查與事實不符。當時徐伯昕先生按照本会廿七年二月廿四日的決議，答以「六個月以上的長假，須交臨時委員会決定」，我未能決定。故孫鶴年君此次離社，係不遵守本會廿七年十月三日的決議，延不到職，應視為自動棄職，脫離本社。應照本會廿七年十一月廿二日第二十九次常會的決議辦理，作為出社。

臨時動議

（一）本會會期應確定時間以便準備案

（二）孫夢旦君擬將股款抵借現款案

議決

（一）本會每隔一星期四下午三時舉行常會。

（二）孫夢旦君在浙養病，尚未痊愈，應再准予抵借

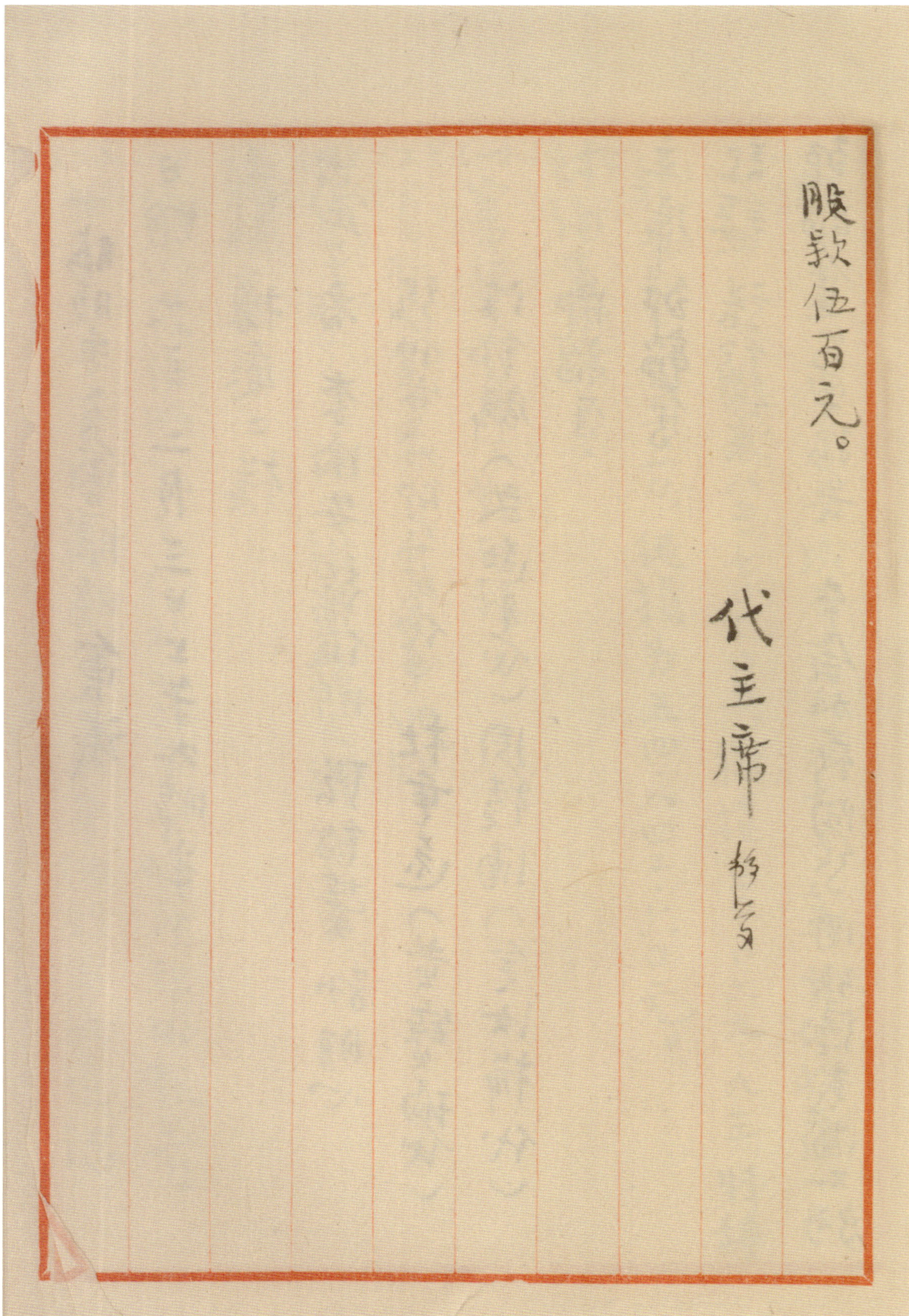

賬款伍百元。

代主席 邹韬奋

臨時委員會臨時會議

日期　卅年二月三日上午九時半

地點　攬慶二樓

出席者　李濟安　徐伯昕　張錫榮　孫明心

張仲實（邵公文代）　杜重遠（黃寶珣代）

陳錫麟（艾逖生代）　周積涌（金汝楫代）

鄒韜奮

主席　鄒韜奮

記錄　張錫榮

鄒韜奮先生報告　本屆加薪問題，因考績表尚不夠具体，未能办到绝对公平，但论尚可能求其公允。加薪标准拟定如下：一、加薪额自一元至七元；二、根据考绩表改调查表改核；三、参照各部负责人拟加数额；四、依照新标准在最低薪额以下者酌予递补；五、顾到上届调整后情形及入店先后；六、同样职务者应作相当比较。又拟定原则如下：一、甲等两级七元、六元，乙等三级五元、四元、三元，丙等两级二元、一元；成绩最优，工作努力，责任甚重者加甲等一级或二级；三、成绩尚优，工作努力，责任尚重者加乙等一级、二级或三级；四、成绩平平，工作尚努力，责任较轻者加丙等一级或二级；五、调任较重工作戰以前少加者酌量多加；六、薪水原已較大者，是否於第二條標準亦照第三條辦理。此外，職員特別加薪也與其支薪數相距太遠者，或亦有特殊成績者，亦不受此項限制而另行考慮；其有過失者不加。

討論事項

(一)本屆加薪問題

議決事項

(一)本屆加薪，依照主席報告之標準及原則辦理。其特殊者：張錫榮加十五元，張志民加十七元，邱韻文加十四元，甘蕙園加十元，王太素加十元，孫明心不加。

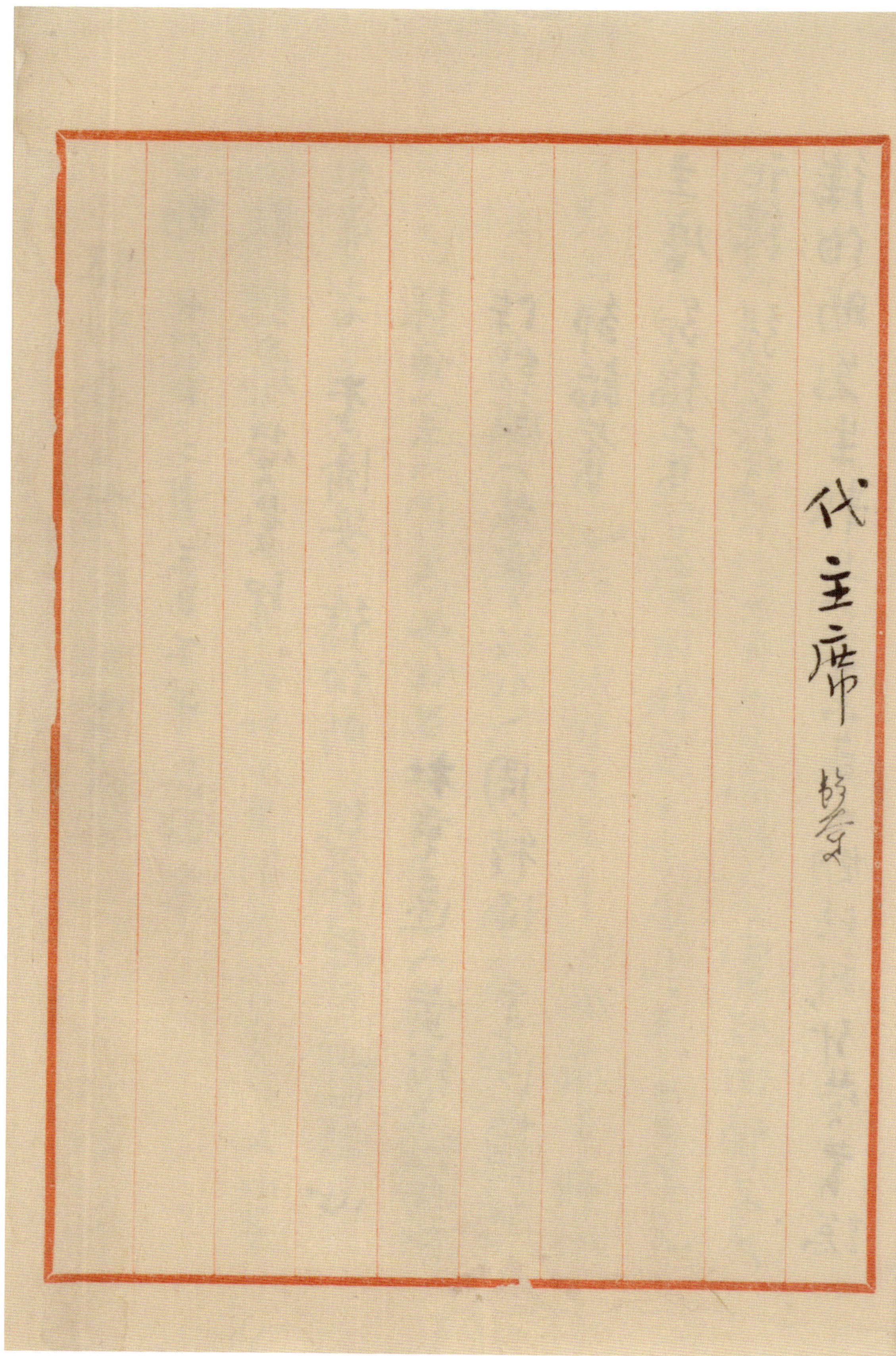
代主席　韬奋

臨時委員會臨時會議

日期 廿八年二月三日下午六時半

地點 總處營業部

出席者 李濟安 徐伯昕 張錫榮 孫明心

張仲實（邵公文代） 杜重遠（黃寶珣代）

陳錫麟（艾寒松代） 周積涵（金汝楫代）

鄒韜奮

主席 鄒韜奮

記錄 張錫榮

徐伯昕先生報告 廿六年下期決算，計營業總額二七五·八四三·〇五，成本一六六·九七三·八五，其他收益一二·六五·二八，開支八三·七〇一·〇五，攤提三〇·〇六九·九三，特種損失六三·一〇六·一〇，純損為五四·八四二·六〇元。

討論事項

(一)審核廿六年下期決算

(二)審核編審委員會辦事細則

(三)張子暉先生因公被盜損失補貼案

議決事項

(一)通過徐伯昕先生關於廿六年下期決算的報告。

(二)廿八年一月一日編審委員會辦事細則，予以追認。

（三）因公派出，旅途遇人力所不能防備之損失時，經証明確實者，酌予補貼，但以隨身應用財物為限。

代主席 韜奮

臨時委員會第三十三次常會

日期 廿八年二月九日上午九時半

地點 總處二樓

出席者 李濟安 徐伯昕 張錫榮 孫明心 鄒韜奮

張仲實（邵公文代） 杜重遠（黄寶珣代）

周積涵（金[illegible]楫代）

主席 鄒韜奮

記錄 張錫榮

徐伯昕先生報告 運貨卡車已駛安，領特牌，載重

二噸半，值德幣二千六百餘元。滬房子已解決，黄孝

詳臨時君已於一月廿日恢復自由。萬縣分店即遭炸毀，何中五君無着。貴陽大轟炸，貴陽分店亦有損失。南鄭五日來電，報陳元之病重，六日託沈志遠先生電聯大醫學院院長特予設法救治，七日接電悉於六日病故。上海再撥進貨給四万元，連地產印費給一万元，渝匯出万元，港匯七千元。

討論事項

(一)陳元先生病故善後問題

(二)自治会、小組会組織問題

(三)總經理職權管到，經理職務的加薪問題

議決事項

(一)陳元先生在南鄭於一月六日病故，應電知南鄭支店為其治喪入殮暫厝，同時電其家屬唁弔。查陳元先生在店八年，工作忠誠努力，去年調職前方，臨復發無適當醫治，以致死亡，實帶有局部因公性質。遺有一妻一女，寓居上海，身後肅條，應從優撫恤。除治喪費約百元由店撥付外，自二月份起，按月支付半薪，以八年為限，直接付交其繼承人(妻)。此外並為其開追悼會，以資紀念。

(二)凡有同人遭遇死亡而帶有局部性質者，應按照特節輕重，在職成績及身體情形，酌發月薪折扣撫恤之。支薪年限：任職期一年至三年照三年計，三年以上至五年照五年計，五年以上至八年照八年計，八年以上至十年照十年計。

（三）總經理即編審因為無空時，准免予簽到，惟年底休工（即特別假期）因計算無據，亦隨之取消。經理得自酌加薪式指示。

代主席

生活出版合作社

临时委员会会议记录（四）

臨時委員會會議錄（四）

生活出版合作社

臨時委員會臨時會議

二十八年二月十日下午三時在總处二樓举行

出席者　李濟安　徐伯昕　張錫榮　孫明心　張仲實

（鄒公文代）　杜重遠（黄寶珣代）　陳錫麟（艾逖生代）

周積涵（金汝楳代）　鄒韜奮

主席　鄒韜奮

记錄　張錫榮

報告事項

徐伯昕先生報告　萬縣分店何中五君，當二月四日警報來時，因職務去灶间熄火，未及逃避，致與店同毁身死。

何君係廿七年一月進店，為萬店創建人之一，平日對職務忠誠負責。原薪十二元，因能力較差，本屆擬依照萬店負責人意見加薪三元。分店經理等負責人員請假回里，對於店務固有妨碍，對於個人負担亦大，須有妥善辦法。

討論事項

一、萬縣分店何中五先生死亡善後问題

二、分店經理等負責人親屬旅費津貼问題

議決事項

一、據萬縣分店經理周積涵君之報告，何中五君当二月四日警報来時，因職務去灶间熄火，未及逃避，致甬店同毁身死。音無着，惟有在附近拾得之店徽及血鞋可証。查何中五君係完全因公致死，應按照疾病死亡津貼辦法之規定，除給與二百元之喪葬費外，並按月支給原々新十五元，時期以二十年為限。各款均付給其承繼人（妻）。應通知萬店办理外，並向其家屬致慰唁。

二、本店各地主要負責工作人員，有一部份已結婚者，每年至少須回家一次。在回家期內，工作甚受影响，而個人損失亦大。為增進工作效力起見，規定凡已結婚的總處各部主任、各分管理處主任、各分支店办事處經理，携帶妻、子女至工作地點者，其妻、子女之旅費由店津贴，以三等车、船票为限。如月薪在一百五十元以上者，只贴一半。

代主席　彭芳

临时委员会临时会议

廿八年二月十六日上午十时在总处三楼举行

出席者　徐伯昕　张锡荣　孙明心　李济安　陈锡麟

（艾逖生代）　张仲实（邵公文代）　杜重远（黄宝珣代）

周积涵（全汝楫代）

主席　徐伯昕

记录　张锡荣

讨论事项

一、选举日期确定案

六、外埠同人加薪案

三、確定柳湜等準社員開始扣股案

四、通過服務部預算案

議决事項

一、本屆選舉展期至二月廿四日在渝地召集社員大會舉行。

二、依照二月三日鄒韜奮先生在本會報告之標準及原則，由經理擬定後，交本會出席者簽字核定之。

三、柳湜自一月份起，胡愈之自十二月份起，沈志遠、史枚、閔寶航、張知辛、寶权，自到店之日起扣取社股。

四、照服務部三月工作之預算，本店應出資一千元，試办戰地服務，予以通過。

臨時動議

一、本会二月十日臨時會議関於津貼局部負責人家屬旅費之決議，对於全体，尤其是大多數職員不能享受，似有本店照顧大多數同人利益之原則相抵觸，应予複議案。

議決

一、取消二月十日本会臨時會議関於津貼局部負責人家屬旅費之決議。

代主席　徐伯昕

臨時委員會第三十四次常會

二月廿四日下午二時在總處三樓舉行

出席者　李濟安　徐伯昕　張錫榮　孫明心　張仲實

（邹公文代）　杜重遠（黄寶珣代）　陳錫麟（艾逖生代）

周積涵（金汝楫代）　邹韜奮

主席　邹韜奮

記錄　張錫榮

主席報告　選舉和通過新社章將在今晚的渝地社員大會

上結束了。本会應進行準備工作。我預備了候選人名單

供參考。當然，民主的選舉是自由的，但為得到圓滿的結

果，应该提出候选人，以供选举者的参攷和討論。当选人名單有限，当然容納不下全部優秀人才。我的选定候选人名單依據某些原則。理事着重資望，監察委員須懂會計；人事委員依據三個原則：一、提拔新幹部，同時顧到各方面，務使不偏；二、能够计劃設計者；三、顧到能够反映多數人的要求；四、尽可能取其在当地者。

討論事項

一、準備今晚舉行渝地社員大會進行选舉及通過社章案。

議決事項

一、可以提出候選人名單，由各社員自由提出之。

二、推定鄒韜奮、艾逖生、徐伯昕為主席團，張錫榮為大會之書記。

三、大會議事日程：1.主席團報告，2.臨時委員會工作簡略報告，3.表決社章，4.通過名譽社員，5.選舉（推定五人開票），6.主席團致閉會辭，7.散會。

代主席 [illegible]

臨時委員會第三十五次常會

廿七年三月二日在總處三樓舉行

出席者　李濟安　徐伯昕　鄒韜奮　孫明心　張錫榮

張仲實（邵公文代）　杜重遠（黃寶珣代）　陳錫麟（艾

逖生代）　周積涵（金汝楫代）

主席　鄒韜奮

記錄　張錫榮

鄒韜奮先生報告

關於粤店一部份同事舞弊嫌疑案，業已調查完畢。

因事件複雜嚴重，故調查時期較長。目前收到各方報告頗詳，人証已有，物证因廣州失陷，不能充分。此事因調查時期已久，急待解决，故在新成立的人事委員會未執行職務以前，仍由本會處理。本會愛護幹部，同時須顧到紀律，應完全以客觀態度正確處理之。為避免引起同人間的糾紛，人証由本人負責保守祕密。此案涉及陸鳳祥、孟溪臣、蘇錫麟、及許三新四人。拟首先提出事实，其实次按照規章决定處分，最後攷慮平日對本店勞績，考慮是否可以酌量減輕處分。茲將事实分别報告如下：

一、关於陸鳳祥部份 「翻印『日寇暴行錄』」同仁中曾有建議，「此書為政治部出版，如未得允准，私自複印，一被發覺，恐有麻煩」，結果仍照舊進行。2.翻印「日寇暴行錄」預訂五千冊，成本一千三百五十元，以影寫版翻製銅版，擬售價一元餘，此係半公開者，據稱係「幫友人之忙」，曾託莫繪封面，婉拒而罷；惟在最後退出廣州時，銅版已製好，紙張亦開好，損失約在七八百元以上。3.據報告悉，陸係担任印刷。4.有一晚見有書籍一批送到陸住所，因其夫人迅速移入內房，故無從知其書名。5.許三新、吳錫麟、隔晚必至陸住所細談一次；並常見陸回寓後閉門工作一小時至半小時又匆匆出去。6.遠東出版社發票，皆為陸或其熟友之手筆。7.遠東出版社之辦事处及存貨均在陸住所。

二、关於孟漢臣部份人查对遠東出版社支付书款，自三月五日起十日止共计添貨為一千六百三十五元，而在三月十二日至廿五日陸續付款，竟超出一百〇五元，其他客户似無此先例，並在此時期內一般客户，均少付款，此点可问粤店負責人证明。乙、遠東出版社之翻版書似大部份係交由本店代發者，故廣州同業有「生活書店大做翻版生意」之傳說，致影響我店信譽，其情形可從進貨賬中見其大概：A、三月五日連開「紅色文獻」發票第四、五、六三號，總價為三三六元；此為疑點之一。B、六月十日發票第一九五號，貨價五七·七五元，迄七月三十日發票第一九六及一九七號貨價四一一·三六元，相隔一月有半，而發票尚屬連号。八月二十日發票第一九九号貨价三四·五〇元，迄九月九日發票第二〇〇号貨价二五·二〇元，同月三十日發票第二〇一号貨价一三二·七五元，而發票又属連号，亦為疑点之一。3.十月十四日廣州情形已極緊張，各客户帳均停止支付，而遠東出版社又於是日付出二百元，為疑点之一；4.遠東出版社收據九月二日第四十六号计貨款二〇〇元，與十月十四日收據五十一号貨款二〇〇元，筆跡類似，而具名前者為「銘」，後者為「鴻先」，似有故意造作之嫌。（據陸鳳祥一月卅日致明心函稱遠東為陸培賡與石又渊所办，但陸培賡在印刷装订等收據上均簽明為陸培賡三字，似可注意）。5.據报告悉，孟担任籌款予（即会计及進貨）。6.粤店会计，在包士俊到粤後即全部移交包办理，惟進貨帳始終未交出，亦為疑点之一。7.粤店進貨帳，大部份係按月或随時由客户到店收取，遠東帳款，均由漢口出外回店時在皮包中取出收據，向士俊支付，收取後再出去，據稱係去郵滙沪上該社，但信票單據中并無郵局滙款憑证，亦為疑點之一。

三、关於苏锡麟部份：1.曾發現苏、许在陸寓所结标賬目，并在銷燬不能售出之存書。2.许在邕曾說：「我是冤枉，并無参加，只有天曉得，苏為翻版中之一，曾分得國幣二百多元」。

四、关於許三新部份：1.據报告悉，许係担任批發郵購。2.许苏去福州寄浙鄞邑，行期竟在一月左右，由福回港，本有直接船只，但二人至汕头停留一星期，不知何故？

五、当事人意见

孟汉臣：1.陆家中存书系民先生修伯寄存，粤店不要。

2.粤店经售翻版书有新民、民众、北新、远东、新时代、大中等家，大部份由门市负责办理。

3.远东由陆华记（陆培赓兄弟二人）国华报（国义）等共同投资经营，陆凤祥仅为友谊上之帮助。

陆凤祥：1.远东系陆培赓因听印北新翻版书后成立，陆凤祥为陆培赓创办印刷公司筹款急需，故请孟共同帮忙；

乙.远东陆石二人字跡与凤很相像，陆培赓所办印刷所為現代，在陆去沪時，由國華報周某代管，书寄存凤寓，陆与凤又住在一起，曾委托粤店同人帮忙批發，故凤代開發票，是事实。

孫明心先生報告

本店經售翻版書，为陸培赓来廣州前，已售出甚多。当時我离粤赴桂，故未知其詳。付經售書賬款，係以售脱付款為原则，对特别若稍寬則有之，但决不致超过貨款總額。对于陸培赓在粤设立印刷所，為了向其聯絡，酌量予以經濟上之帮助则无不可，但以翻版书款远支，实属不当。广州危急时账款只收勿付，据我所知，只付方夫白君五十元，余未付。现查知孟汉臣君于十月十四日付远东二百元，实属不妥。自福州至香港有直接船只，许三新、苏锡麟在汕头停留一星期实不该。我店对同人不薄，但同人作大规模翻版，应严予惩罚。许三新知而不报，对店亦不够忠实。

讨论事项

一、粤店陆凤祥君、孟汉臣君、苏锡麟君、许三新君私营翻

版案。

议决事项

(一)查陸鳳祥君於廿七年任職廣州分店印刷科，有下列犯規行為之事實：

一、據不同地点而同一時間的兩個報告，皆指出陸鳳祥君為遠東出版社組織中之一員，担任管理印刷職務。而據陸鳳祥君自認："至於遠東出版社之事，弟幫忙則有之。"

二、據孟溪邑君之報告，遠東出版社係陸培賡、陸培棻及國華報館周某等共同投資經營，陸鳳祥君等並不在內，但據陸鳳祥君自認："陸培棻陸培賡返申，現代印刷所由國華周某代管，他的書是寄在弟這裡……由弟開發票給的。"陸培棻陸培賡走後，存書及發貨事務不交與周某或别人办理，而由陸鳳祥君办理，可证明陸鳳祥君為遠東出版社之一員。

三、據不同地點而同一時间的兩個報告，皆指出遠東出版社办事處係設於陸鳳祥君之寓所，親見陸鳳祥君在寓所與蘇錫麟君、許三新君等結算帳目，並親見其寓所接收裝订作遠東的書籍，及燒燬存書之事實。孟漢臣君報告：「平之（即鳳祥）家中，確有一批書籍。」據此，足证陸鳳祥為遠東出版社組織者之一。

四、查遠東出版社翻印書籍達十種以上，其最後一本，「日寇暴行錄」，預算翻印五千册，成本一千三百五十元，以影寫版翻製銅版，拟定售一元餘，可得五千餘元。某同人曾警告陸鳳祥君：「此书為政治部出版，必須得允准，私自複印，一被發覺，恐有麻煩」。某同人曾拒絕陸鳳祥君託畫封面，人証具在。

陸鳳祥君自認：「後民光周某等為了發揚抗日宣傳有力起見，叫弟刷印成本」。據此，陸鳳祥君雖籍口抗日宣傳，但根據上述成本計算情形及自認參加翻版之成本刷印，其參加翻版業務以牟利益，自無異疑。

五、據報告，陸鳳祥君在廣州臨危時，因忙於奔走私人翻版事，以致四十四付紙型未能携出，可知因私誤公，怠忽職守，致店加重損失。

六、當許三新君接到總處給予交職休假之通知後，對某同人說：「我是冤枉的，我並無參加，只有天曉得，茅錫麟是

閱

参加的，他分得國幣二百多元」。據此，可证粤店一部份同人確鑿有私营翻版的組織無疑。

根據上列事实，陸鳳祥君利用本店信誉及本人職務地位，参加組織遠東出版社，私营翻版圖利，怠忽職守，並損壞本店名誉。此係犯規行為，应予以停職處分。

（二）查孟漢臣君於廿七年任職廣州分店营業科，有下列犯規行為之事实：

一、據不同地点而同一時间的兩個報告，皆指出孟漢臣君為遠東出版社組織中的一員，担任籌款及進貨（即將該社之貨售與本店）職務。自總處派員接替孟漢臣君会计職務後，孟漢臣君始終未將進貨款交出。每次付與遠東出版社之款，多由孟漢臣君收取。而據陸鳳祥君說：「以致他（陸培賡）也出印書籍，弟因培賡兄創辦印刷公司籌款需急，所以願意帮助他，請孟先生帮忙」。

二、查本店向遠東出版社進貨，自三月五日起至十日止，共計一千六百三十五元，而在三月十二日至廿五日陸續付款，竟達一千七百四十元，即超过一百〇五元，均由孟漢臣君核付。據本店規定經售書报之办法及據粤店經理操明心先生之報告，付款超过經售貨款，向無先例。由此证明孟漢臣君利用公款經營私業。

三、九月十四日，廣州已危急，據粵店經理孫明心先生之報告，各賒款均停付。（除有一客戶付五十元者係由經理特許且向賬委會說明理由）而孟溪臣君核付遠東出版社貸款弍百元，未得經理之同意，此顯係保護私營机关利益之行爲。

四、遠東出版社之翻版書，大部份係交本店代發者，故廣州同業中有"生活书店大做翻版生意"之傳說，影响我店名譽。查三月五日連開該社發票第四、五、六三号。六月十日開發票一九五号而遲至七月三十日，相隔一月有半，換開一九六号。貸款總額達三千二百元。由此可証孟溪臣君利用本店推銷翻版書籍。

五、當許三新君接到總處給予交職休假之通知後，對其同人說：「我是冤枉的，我並無參加，只有天曉得，吳錫麟是參加的，他分得國幣一百多元。」據此，可证貴店一部份同人確鑿有私營翻版的組織無疑。

根據上列事實，孟溪已君利用本店信誉、公款及本人職務地位，參加組織遠東出版社，私營翻版圖利，此係犯規行為，本應予以停職處分，惟查孟溪已君任職上海辦事稱忠誠負責，幫同創辦廣州分店，扶病最後退出，頗著功績，特減輕予以最後警告之處分，並調總處工作以觀後效。

（三）查苏锡麟君於廿七年任職廣州分店营業科，有下列犯规行為之事实：

一、據不同地点而同一時间的两個報告，皆指出苏锡麟君参加遠東出版社之工作。苏锡麟君与许三新君经常隔日至陸風祥君寓所，幾次与陸风祥君结算賬目，並銷毁不能售脫之存书，可見苏君確参加此事。

二、許三新君在邕寓曾说："我是冤枉，並無参加，只有天晓得，苏锡麟是参加的，曾分得國幣一百多元。"由此可以证明苏锡麟君確曾参加翻版工作。

三、廿七年八月间，本店派苏锡麟君与许三新君同赴

福州寄浙郵包，行期達一月，由福州至香港，本有直接船隻，

但二人至汕頭停留一星期，並非爲公務而去。

根據上列事實，許三新〔蘇錫麟〕君利用本店信譽及本人職务地位，參與遠東出版社私營翻版盈利。查此係犯規行爲，應予以停職處分。

（四）查許三新君於廿七年任職廣州分店營業科，有下列犯規行爲之事實：

一、據不同地点而同一時间的兩個報告，皆指出許三新君參與遠東出版社之工作，担任郵購及批發職務。廿七年八月间由店派與蘇錫麟同赴福州寄浙郵包，行期達一月，由福州至

香港本有直接船隻，但二人至汕頭停留一星期，顯係爲處理私務而停留。

二、當接到總處交職休假之通知後，說：「我是冤枉，蔣錫麟是參加的，他分得國幣弍百餘元。」明知蔣錫麟等犯規，而予以隱瞞，可证許三新君对店不忠。

三、據報告，許三新君由蔣錫麟君經常隔日至陸鳳祥君寓所，幾次由陸鳳祥君結稱賬目，並銷燬不能售賣之存書。蔣錫麟君既分得國幣弍百餘元，許三新君顯係參加工作之一人。

根據上列事實，許三新君利用本店信誉及本人職務

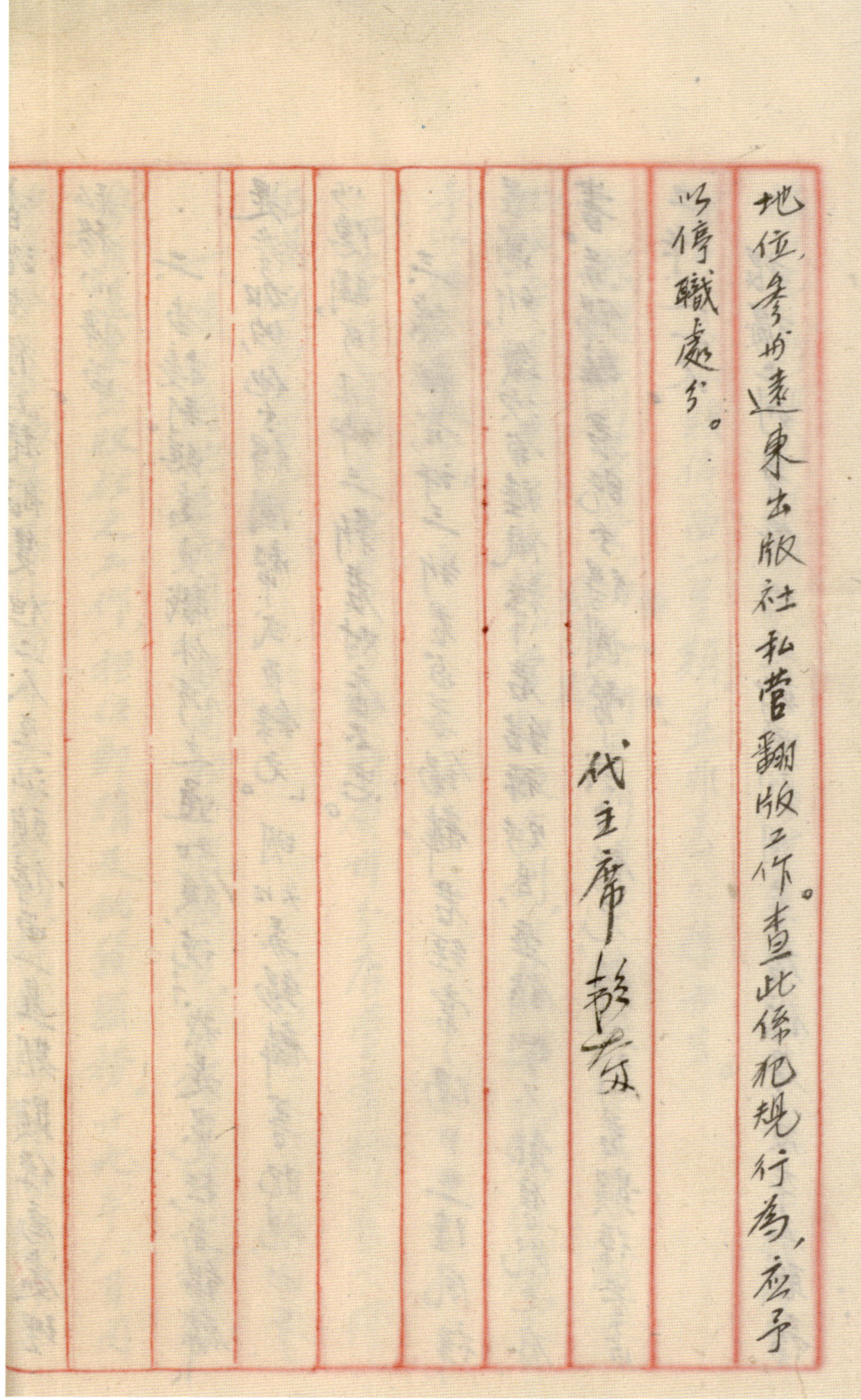
地位，参加远东出版社私营翻版工作。查此係犯规行为，应予以停职处分。

代主席 韬奋

臨時委員會第三十六次常會

廿八年三月十三日下午二時在總處二樓舉行

出席者 李濟安 徐伯昕 張錫榮 孫明心 張仲實

（鄒公文代）杜重遠（黃寶珣代）陳錫麟（艾逖生代）

周積涵（金汝揖代）鄒韜奮

主席 鄒韜奮

記錄 張錫榮

鄒韜奮先生報告 艾逖生先生在廿七年份有二十七天未

簽到而實際到店工作者，經本人承認手續欠缺之錯誤

後，已補給薪資。此種處理是否有當，請公決。

討論事項：

一、艾逖生先生於廿七年未簽到二十七次案；

二、張又新先生、陳錫麟先生加薪案；

三、張子畋先生廿七年一月间因公旅途被劫損失津貼案；

四、畢有華先生續假半年案；

五、李鍾麟、趙志成、戴紹鈞、沈奕林晋升為職員案；

六、孫夢旦先生病重，請求继续借款一千元，以股款作抵，請予追認案。

議決事項：

一、艾逖生先生於廿七年未簽到二十七次，除照鄒韜奮先生報告處理外，因此項忽視紀律行為，對本店有不良影響，應給予書面勸告之處分，以示懲戒。

二、張又新先生負責浙江區業務，責任甚重。金華分店成立八月，總處只收到八天賬單，且用人不当，為其缺點。但在金華、麗水我店具有今日之基礎，在餘姚海门等地流動，對讀者印象頗好，對店頗有貢献，為其優點。衡量缺点與優点，應加薪四元，並書面解釋之。

陳錫麟先生於廿七年四月间，不依照總店指示，完成香港建立印刷基礎之任務，為其缺點。但在沪負責造貨責任甚重，十二月间定印地啚萬册事，處理得當，對店頗有貢献，為其優點。衡量缺點與優點，應加薪六元，並書面解釋之。

関於加薪考績，規定原則如下：A、每届考績，以本届階段為限，前届應考慮之過失及勞績，不牽涉在內；B、但本届以前之過失及勞績，在本届始得証實材料而登記者，應併入本届考慮。

三、張子敀先生於廿七年，因公赴筑，旅途遇劫，損失隨身攜帶日用財物三百二十餘元。經部公文先生証明，損失財物確實無虛。決給予津貼壹百元。

以後因公旅途被劫，津貼損失原則如下：A、限隨身日用財物，如衣服、被鋪、箱子等；B、須經本店可以信任之同人証明；C、依照損失價值對折津貼，至多不得超過壹百元。

四、畢有華先生因轉入無線電學校學習，續假半年，應予照准。以後同人因求學而請假，只須得到總經理、經理之同意，本會均予照准。

五、李穜[illegible]、趙志成、戴紹鈞原為社工，現經試習職員職務，成績尚佳，應予晋升爲職員。沈英林原爲社工，前經考試，已晋升爲練習生，兹試習職員職務，成績尚佳，應予晋升爲職員。

六、孫夢旦先生病重，請求繼續借款一千元，徐伯昕先生已通知金華分店照付，本會予以追認。

代主席 韜奮

臨時委員會第三十七次常會

廿八年三月廿二日在總處二樓舉行

出席者：孫明心　李濟安　張錫榮　徐伯昕　鄒韜奮

陳錫麟（艾逖生代）　杜重遠（黄宝珣代）　周積涵

（金汝楫代）　張仲實（邵公文代）

主席　鄒韜奮

記録　張錫榮

徐伯昕先生報告：畢雲程先生已任本店總稽核工

作，月薪六十元。前世界知識發行人費六十元已

取消。

討論事項

一、楊義方先生回家旅費津貼問題。

六、桂林分店辦公時間問題。

三、陳錫麟先生為「日本間諜」一書被詐四百五十元問題。

四、聘請職員旅費津貼問題。

五、同人自治會組織條例及社員小組會組織條例通過案。

六、新社章規定職工試用期為六個月，在二月廿三日以前進店之職工試用期應否更動案。

議決事項

一、楊義方先生於二月　日請假回沪，因附帶辦理配貨两千元，特予旅費津貼一百元。

二、本店辦公時间，應依照社章之規定做到七小時。門市營業時间，應酌量當地情形延長，以十小時為原則。门市營業時间在十小時以內者，由内部工作人員輪流應值，其實際工作時间仍為七小時。门市營業時间在十小時以上者，添加工作人員輪班休息，或分二班工作人員調換之，实際工作時间仍為七小時。

三、「日本間諜」一書的出版，於本店事業有利益，因此事被炸四百五十元，應予以原諒。但事先未將委托洋商發行事與總處商議，事後未即報告總處，輕信人言，不無疏忽，應通知其注意。

四、聘請外埠職員至工作地點執行職務者，其旅費由本店津貼之，除特殊者外，概以三等車船票為限。

五、修正通過生活書店同人自治會組織條例及生活書店合作社小組會組織條例。

六、新社章規定職工試用期為六個月。凡在二十八年二月廿四日（新社章通過日）以前進店而在試用期内之職工，如照舊辦法至八月廿三日止尚未滿期者，概作爲試用期滿，以符新社章之精神。

七、范廣楨、沈俊元、何廷福，在三八節自由離職半天，應予以口頭勸告一次。

代主席 [illegible]

臨時委員會臨時會議

四月六日在總處三樓舉行

出席者 孫明心 李濟安 張錫榮 徐伯昕 鄒韜奮
陳錫麟（艾逖生代） 杜重遠（黃寶珣代） 周積涵（全汝楫代） 張仲實（邵公文代）

主席 鄒韜奮

記錄 張錫榮

主席報告：

孫夢旦先生於四月一日在浙江上虞因肺病復發醫治無效逝世。同人均甚哀悼。孫先生係於民國十五年五月進生活週刊社，主持本店會計，頗著勞績。在本社創始時代，人少事忙，孫先生常身兼數職，工作至午夜以至通霄達旦，孫先生之病，此種繁重工作有以致之。當時被客觀的情况所迫，不幸的進行夜工，雖然做夜工本身是不得已的。孫先生遺有妻子女各一，本店似應酌予撫恤。

徐伯昕先生報告：

孫夢旦先生於廿七年　月任職漢口，因肺病復發，去沪医治。逢經長沙，扶病為長沙分店整理賬目，通霄達旦，到廣州後，又為廣州分店整理賬目，到上海後又為沪店整理賬目。孫先生對於職務之過份負責，以致加重病狀。

討論事項：

一、孫夢旦先生身後問題

議决事項：

一、孫夢旦先生於四月一日在浙江上虞因肺病不治逝世。孫先生在職十三年，初因工作過度繁重，以致罹病；後因抱病負責職務，以致加重病狀。此次病重不治，實帶有局部因公性質。本店應從優予以撫恤，除撥付治喪費二百元外，（一）自廿八年四月份起，按月支付半薪六十七元五角，以十三年為限，直接付其繼承人（妻）。（二）為保証其子女受高等教育起見，如徵得孫夫人之同意，得酌量存儲一部份撫恤金由本店代為保管之。（三）鼓勵孫夫人加強學習，在具有本店所要求之能力條件下，如願進店工作，本店儘先給予工作權。（四）將來孫先生子女學費如有不敷，而又為本社經濟所能顧及時，可由本店加以考慮，酌予協助。（五）致函孫夫人慰唁，並在渝舉行追悼會。

代主席 [signature]

臨時委員會第三十八次常會

八年四月十二日在總處三樓舉行

出席者　孫明心　張錫榮　李濟安　徐伯昕　鄒韜奮

陳錫麟（艾逖生代）　杜重遠（黄寶珣代）

周積涵（金汝楫代）　張仲實（邵公文代）

主席　鄒韜奮

記錄　張錫榮

討論事項

一、渝地同人自治會小組及社員小組分配問題

二、新社員審查標準問題

三、萬店同人炸燬衣物津貼問題

四、迴避法大綱問題

五、廚房作一般職工待遇問題

六、同人家屬　貢津貼問題

議決事項

一、渝地同人自治會小組及社員小組分配如下：（1）自治會小組：

A、鄒韜奮　白昕　沈志遠　艾寒松　廖庶謙

B、張志民　張錫榮　張知辛　孫明心　黃寶珣

C、史枚　柳湜　程浩飛　胡耐秋

D、徐植璧　吳全衡　岳劍瑩　閔適　殷國秀

E. 邵公文　方學武　何廷福　解子玉　沈欽

F. 黄洪年　臧其吉　沈俊元　馮一予

G. 范廣〃　〃東璧　桂奕仙　朱爾悌　王鴻遠

H.　文椿　陳四一　胡明蔚　黄莫三

I. 何步〃　〃志恆　趙曉恩　秦佚儂　汪允安

又社員小〃〃配如下：

A. 胡耐秋　〃寶均　徐植璧　吳全衡

B. 孫明心　邵韜奮　張錫榮　方學武

C. 張志民　徐伯昕　邵公文　趙曉恩　沈俊元

D. 莫志恆　黄洪年　、邵峻甫　陳四一

E. 范廣楨 董文椿、艾逖生 沈敢

二、吸收新社員入社，須經審查，其標準如下：

A. 對於文化教育工作熱心者；

B. 對於合 業有興趣並有相當認識者；

C. 思想正 純正者；

D. 有良、 生活習慣者；

E. 良者

依照上 附加說明，交與小組會討論後作最後決定。

三、萬縣支 人炸燬衣物津貼辦法如下：損失衣物在五十元以下者，完全由店賠貼；超過五十元者，其超過之數照對於賠貼，至多不得超過壹百元。

四、迴避法　依照草案修正通過。

五、廚房　殊不作一般職工待遇，應按照特約職員

六、同人　如接送至工作地點者，其旅費完全由店

津貼之，　並以車船票為限。按照年齡大小及負担輕

重由本會　核准之。

代主席

臨時委員會臨時會議

廿八年四月廿日在總處三樓舉行

周積涵　張錫榮　徐伯昕

孫明心　張仲實（邵公文代）

遠（黃寶珣代）　陳錫麟（艾逖生代）

奮

泉

鳳祥等犯規業，業已完全執行，最近擬

上裁表，孫明心先生對於蘇錫麟許三

付留一星期之部份，提出修正意見，本會據

與正確，對於新提出的修正意見，應予

石：

許三新去汕頭一轉，當時確实係由我

帳單，及汕頭同行收賬，虽然賬款未曾收

店。至於三月廿日我在本會的

不出証明乃我個人的錯誤，

明心先生對於廣州陸鳳祥等犯規案，

修

見問題。

一次常會決議中，關於蘇錫麟

內，認為完全為處理私務而

係赴粵，店經理孫明心先生之

至香港者直接船隻，許三新、蘇錫麟

至期實不該，今孫明心先生提出修正

當時曾由孫先生囑令攜帶賬單，順

之收賬。據此，蘇錫麟、許三新在汕頭停留一

一規行為，應取消關於該部份之決議。但依

八之事实報告，仍保持本案決議之結論。

代主席

生活出版合作社

业务会会议记录

業務會會議錄

生活出版合作社

三月份第一次業務會議

開會日期　廿七年三月九日晚

開會地點　在漢店編輯部

出席者　徐伯昕　甘蘧園　周幼瑞　顧一凡

莫志恒　徐啟運　陳錫麟　金汝揖

張志民　吴全衡　孫夢旦　張又新

羅穎

主席　徐伯昕

記錄　陳錫麟

主席請各科報告準備遷移情形：

1、收發科：已整理就緒，隨時可遷移。
2、批發科：存書已發齊，文件正在整理。
3、發行科：大部均已整理好、
4、郵購科：尚有一小部份未出清，都屬於平信，新來購書信件，已隨到隨办，無延擱。
5、印刷科：對各家印刷費發票，已大部結清，紙型已有一箱裝妥運粵，正擬續裝一箱。
6、排廣科：小目錄待紙付印，大張目錄因排版不及，擬由粵印，圖版已收集好，分店廣告尚有三四張要畫。

8、棧務科：外版書已理清，滬店運来之總經售書待先檢出審查內容次再決定安置。

9、会计科：因上海賬册尚未運到，故未能結算去年決算，单據已理齐，待装箱。

10、门市部：三楼書棧存書已整理好，外版經售户之書，亦已理出待退。

11、總務部：各科需用之信封信纸空单發票等已添印。

主席報告

1、西北部業務的移動

最近因敌佔同蒲路南段，潼关西安均感受威胁，西安分店已作不安时之准备，并拟迁移一部份存书赴南郑，开设支店，至兰州方面，则薛迪畅君业已到达，正在布置。

2、陕店被搜查

陕店最近曾受当地军警搜查，被取去外版书五百余册，据云须精密查内容后方可决定发还与否。

3、沪店被搜及结束

沪店为集纳周刊之事，曾被租界捕房会同敌方便衣人員到店檢查，並詰詢負責者住址等等，幸經滬店同仁妥慎應付，故僅取去「集納」數冊，深總店接報告後，以此事發生後，敵人對吾店必更注意，為顧全店與同仁之安全起見，特通知滬店即行結束。

4. 印刷重心轉移

關於造貨，因須顧到紙張來源及印刷設備起見，擬着重廣、貴，重心，亦可移粵。

5. 戰地流動辦事處的進行計劃。

為供應戰區讀者需要，擬辦理戰地流動辦事

要先办浙赣与皖豫两线，其地点暂定如下：

浙赣线：金華—南昌—萍鄉（转入湖南部分）

皖豫线：六安—潢川—信陽—南陽（转入湖北老河口）

討論事項

1. 業務上技術訓練問題

議決：利用業餘時間，举办各種有関業務之技術講習班，如会计講習班、出版講習班等。

2. "抗戰"存刊合訂問題

議決："抗戰"廿六号起至五十四号止合訂一巻，先通知各分店抄報存數。

3、定期刊出版問題

議決：內容必須不重複，並適應讀者需要。

4、議決：店務通信中附載每週新書報告，由進貨科收集材料，交總務部編入。

5、議決：總經售書刊必須集中總店進貨科辦理，並須先行審查內容。

主席

第二次業務会議

開会日期　廿七年三月十七日晚
開会地點　漢店編輯部
出席者　徐伯昕　艾逖生　吳全衡　方學武
　張又新　甘遽園　顾一凡　張仲实
　張志明　陳錫麟　羅穎　周幼瑞
　金汝揖
主席　徐伯昕
記錄　陳錫麟
討論事項

八、本店總管理處組織系統草案

議決：批發科改稱發貨科，營業部下另設運輸科，专司運輸事務

九、各雜誌適應讀者需要問題

議決、本店現所出版之雜誌，尚為讀者所歡迎，此後如另有新雜誌創刊，應以內容不甚與已出版者重複，而確為讀者所殷切需要為原則。

十、滬店結束問題

議決：滬店屢為敵人檢查，營業自受影響，而同仁安全亦須考慮，應即結束，以策安全。

於門市部接受代售雜誌事

議決：此後各店如承接代售雜誌，最好先交進貨科加以審核，免滋糾紛，陳列方面，應請門市部多注意，以免誤會。

主席

第三次業務会议

開会日期　廿七年三月廿三日晚

開会地點　漢店編輯室

出席者　張仲實　張又新　羅穎　張志明
方學武　吳全衡　欣一凡　金汝楫
周幼瑞　甘蘧園　徐伯昕　陳錫麟
莫志恒

主席　徐伯昕

記錄　陳錫麟

主席報告

A、總店營業情形

	門市	批發
一月份	九、五五〇・七七	三、五〇八・三
二月份	一〇、三九九・〇八	五、八七五・五九
增加比較	八四八・三一	十二、三六七・三八

B、一月份各店門市營業百分比

漢	粵	陝	渝	湘	蓉	桂
26.2%	20.7%	15.5%	11.5%	12.6%	9.7%	3.8%

C、本店已特約江蘇難民抗戰書報販賣團，專事販售本店所出各項書報，既可使抗戰書報廣遍發售，

使利讀者，又可使雜誌得到一部利益，維持生計。

D、羣衆週刊及新群叢書，已由本店承任總經售。

E、桂林分店已於三月十五日開幕，營業尚佳。

F、昆明分店因裝修尚未竣工，故開幕尚有待。

G、貴陽分店店址已找妥，正開始裝修。

H、陝店以最近晉南吃緊，隴海路常相威脅，西安人心頗見浮動，為安全計，決遷去一部份存貨至南鄭，小部份則遷天水，於該處另組辦事處，批售書報。

I、茅盾主編、本店出版之「文藝陣地」定四月十六日出版内容偏重文艺理论及抗战作品。

讨论

A. 杂志亏本问题：本店所出杂志，近因纸价飞涨，印刷成本亦钜，各刊每期均有亏损，应如何补救。

议决：本店已出五种定期刊，多为读者需要，且均有相当历史，自不能因成本高而停刊，为顾到读者购买力起见，亦不应提高售价，补救方法，应由减低成本方面着想，第一步先设法自运纸张来汉，免为市商垄断高价。

B. 制服问题　为整齐划一起见，本店同仁似有穿着料服之需要。

议决：关于此问题应请经理提交临时委员会决定律照补助办法，式样可采取学生装翻领，质料以经洗耐穿之斜纹或哔叽为宜。

C. 杂志寄发太迟，对销行殊多影响，如衡阳办事处最近来信，称「抗战」五十六号及五十三号，同时收到，係廣店搁置併发，望以后加以改善。

议决：此后由批发科负责改善。

主席

四月份第一次業務会议

開会日期　廿七年四月六日晚

開会地点　淳居編輯室

出席者　張仲實　張又新　羅穎　方学武

孙夢旦　徐伯昕　甘蘧園　金汝揖

莫志恒　吴全衡　徐啟運　任乾英

陳錫麟

主席　徐伯昕

記錄　陳錫麟

主席報告：

A.各分店營業情況

三月份各店營業，因尚有兩處未寄到，故改於下次報告，渝店一日至十日營業收入 門市四，四八五，四八，批發 二，八六八，八二，

B.開於運輸 粵渝路尚在接洽中，湘筑路由西南公路管理局撥車裝運，費用較快郵加倍，可免湘筑兩地郵局檢扣損失，

C.貴陽分店已於四月一日開幕，第一日門市營業為八百餘元，門市之盛，為貴陽營業界所僅見。

B.蘭州分店已於三月廿五日開幕。

讨论

A、对於各地分店办事处支店书店应否统一名称。

议决、分店以后一律称为××生活书店，办事处改称生活书店××支店，账务由本内之××生活书店管辖，广州分店改称特约发行所。

B、出版物版权宜加注版税版权符号。

议决：待印刷科编定出版物类别号数后再办理。

C、沪地市价近稍回跌，粤印各书一时不能运沪，粤存纸型，似应通知运沪一部份可在沪造货，以应需要。

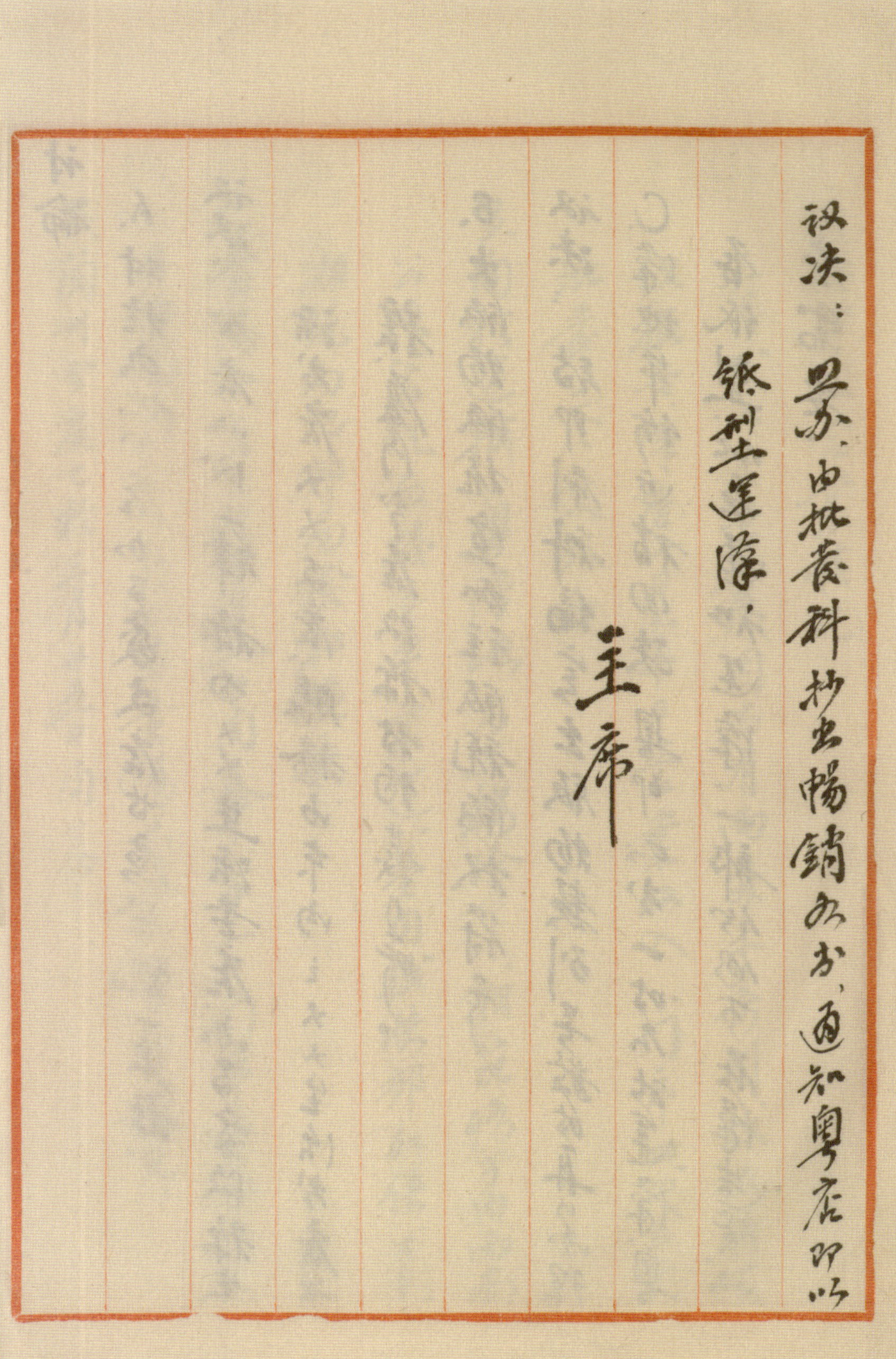

议决：照办，由批发科抄出畅销书名，通知粤店印以
纸型运沪。

主席

第二次業務会议

開会日期　廿七年四月十三日晚

開会地点　滬店

出席者　徐伯昕　艾逖生　張仲實　甘蘧園
張又新　張志明　顾一凡　嚴長衍
金必輝　方学武　任乾英　徐啟運
陳錫麟

主席　徐伯昕

記錄　陳錫麟

主席報告

A. 造貨　最近因粤港路運输尚無办法，故粤地印出新书仍不能運港，致港地缺书頗多，现拟在港大量翻印、在運输無办法前，决仍在港造貨。

B. 招致　近以各部工作较忙，原有同仁不敷分配，故拟招致若干新同事。

讨論　畅销书纸型備二付，分存粤港二地，以便随时重版。

议决　畅销书请批发科抄出，交经理室转编審科修改，再行重排，书而付纸型，分存粤港二地。

主席

第三次業務会议

开会日期 廿七年四月二十日

开会地点 漢店

出席者 徐伯昕 甘蘧園 張又新 張志民 方学武 羅潁 徐啟運 任乾英 艾逖生 陳錫麟

主席 徐伯昕

记录 陳錫麟

主席报告

A. 各分店情形

1.南郑已租定房屋，不日即可开始装修。

2.昆明分店铺面已在油漆，下月初准可开幕，临时营业每天平均卅元至五十元，星期日约百元。开幕时拟廉价一星期。昆明当地政府检查书刊甚严，查禁十八种，本版中占二种，一为费尔巴哈论，一为左派幼稚病。

B.六安办事处之书刊，现尚滞留武穴，已托章乃器先生设法请建设厅负责将书刊运六。

C.招考新同事结果，计文书科已取一人，门市科已取二人，缮写蜡纸一人。绍考会计科十二人，定廿二日下午一时面试。

D、出版方面、新编"问题与答案丛刊"一种、每册约五千字、共達五十出版一册。"我们社会科学常識读本"已付排二册、①国際现势读本 ②宣传藝術读本。

E、運输方面 已决定派甘蘧園赴粤、接洽办理、

讨论 星期日值班问题

议决： 各部科各在職務上必要於星期日照常工作者、应先一日派定值班人員。

主席

第四次業務会议

開会日期　廿七年四月廿八日晚七时　星期四舉行

開会地點　滬店

出席者　徐伯昕　張仲實　張志民　艾逖生

金汝楫　顧一凡　嚴長衍　徐起運

陳錫麟

主　席　徐伯昕

記　錄　張又新

討論事項

(1)首由主席報告三月份全國營業總數七九、五八三、二四元此月份超出一万七千余元，广州居第一位，港、渝、陕、蓉、湘、梧、桂次之。

（乙）每次开会，规定每科负责人报告一周内的营业状况，检讨工作的缺点及改进业务的发展。

1.印刷科，最近购存大量纸张，准备大量造货存底纸型，须再版者已决定陆续再版。

2.批发科：1.特约所增加办法、2.办事上的缺点改善、3.需要歌集、大众读本、地图、我的课本、4.两广与闽有同业的双方交易，但以现金交易为原则。

3.编辑部：最近新刊有问题与答案丛书、世知识时代刊、中日文化丛书一种。以后其他单本书刊共约廿余种已发稿。五月份起打算添人、并决定五月出版计划。

4、编辑科：现在编辑约百元左右、但是人手实在不够，在以前我们的编辑科是很有历史与信用的、在目前抗战期中、应有个推广办法、使各地读者1（除出书店办事处以外）也能读到抗战读物，这是很有意义的工作，（如发目录，推广计划等）。

5、发行科：以后来的南洋以外华南各方面的新定户均从广州去发，以前的都从此间续发，目前好多读者来催，实在来不及发出，尤其是外版杂志最好添人，使业务不致久搁起来。

6、栈务科、关于发出的书刊数目有错误了，是在打包间的发错，目前大量进货，如果出书，栈房房屋实在不够用，要赶快找房子、

7、门市部、制服要赶快做，人的分配，时间的规定，均应该先行分配定当。另外关于一部份书籍，最好在租面（或三楼）设小栈房以便放置，除做制服外应另备一徽章，以便顾客识别。

（5.）主席：从五月份起每科应拟定一个来日工作计划，

在下星期三以前，各科自行开小组会，于星期三时提出讨论。

（十）五月一日全部休息，五月二日补五一的星期日，为必要时，得补做工作，不停，使工作不受妨碍。

（5.）会计科：最近门市部未按日缴帐。

议决：门市部必须按日缴帐，不得拖延。

邮购科缴帐问题希望每阳发天须缴一天，不要积搁过久，致发生错误。

主席

五月份第一次業務會議

開會日期　廿七年五月四日晚七時　星期三舉行

開会地点　漢店三樓

出席者　徐伯昕　張仲實　張志民　艾逖生
金汝楫　顧一凡　嚴長衍　徐啓運
方学武　孫潔人　任乾英　張又新

主席　艾逖生

記錄　張又新

主席報告　関於各地營業情形，徐伯昕先生在昨天茶話会裡已向大家報告過，這裡也不重述丁、各科工作计划，并由各科负责人切实去实行。各科需要做的条件，可先由徐先生拟定，各点并由各位补充。

A. 邮购方面

1. 每星期办结清旧帐壹百户。

2. 邮购户卡片应全部检查一次。

3. 订定发行书券办法及印刷书券。

4. 编订本版目录及抗战分目

5. 拟定推广办法。五元、十元、廿元

6. 邮购总部仍移沪。

邮购科负责人：人手缺乏，需添一人、

B.栈务方面

1.每十日抄存书单一次

2.发货积压、多错误、

3.检查邮费

4.处理旧书刊

5.整理本版杂志订合订本

栈务科负责人、①杂志合订本在整理中 ②外人存出书籍、常设法退出、③外版杂志退清、

C.批发方面

1、维旧账：南京中央、济南东方书

2、调查每种本版书各地销路

批发代发员责人：(1)新书刊适当发数、(2)人手还是不、(3)外版书货的方面应求充实，总代售杂志规定原则(4)广州运输积极设法(5)统计每本书各地销数，全部特约各店统计，先从分店特约所着手。

D、进货方面

1、存货限期过清

2、调查各地外版书刊销路

3、总经售什志作一详细销行统计、

7、自动向各同业接洽外版进货、

8、总经售书刊审查集中

9、普通经售确定手续

进货科负责人：（1）审查太慢（2）进货科帐册归会计科

三、发行方面

1、确定发行区域与手续

2、"国民周刊"等四定户速改发"抗战"

3、上海定户交轮船带沪分送、

4、代定户进退定费、办理退款及改定手续

5、先照「文学」改「文阵」
6、各杂志推广宣传办法
7、杂志广告宣传统计的账
丙、出版方面
1、战时每二天排印出版新书一册、
2、确定秋季造货准备
3、注意杂志出版准期、
4、抗战与救亡书目速排印
出版负责人：不但每二天出一新书再版书，并出每月出廿
本、希望编审科校对缮译快些，批发科发书适当、

G、编译方面、

1、世界年鉴重编

2、编手册日记

3、做到每日发新书一册

4、做到每月修正重排书一册

5、拟订出版计划、

6、编一本地图

H、会计方面

1、分店与总店办事发货转账办法

2、总店及办事处账册

3、各部份均须每日交账

4、各分店办事处造具预算

5、编造总预算

6、拟定稽核办法

负责、六月底结账办法

I、门市方面

①设意见箱 ②制服 ③徽章 ④整洁 ⑤杂志陈列状

负责：1、橱窗广告 2、调整门市薪水、3、标语宣传期刊办法 4、书券办法、

J、总务方面

1.文陣向郵局掛号

2.抗戰三日刊催批文，速向郵局登記掛号立券

3.各地均校讀一次

4.打防疫針

5.聘請伍律師為法律顧問

6.向市部徵求接洽定製

7.擬定制服办法

8.各分支店办事處應每週舉行店務会议一次

9.擬調整同人待遇草案。

職工獎勵办法，由臨時委員会议定之。

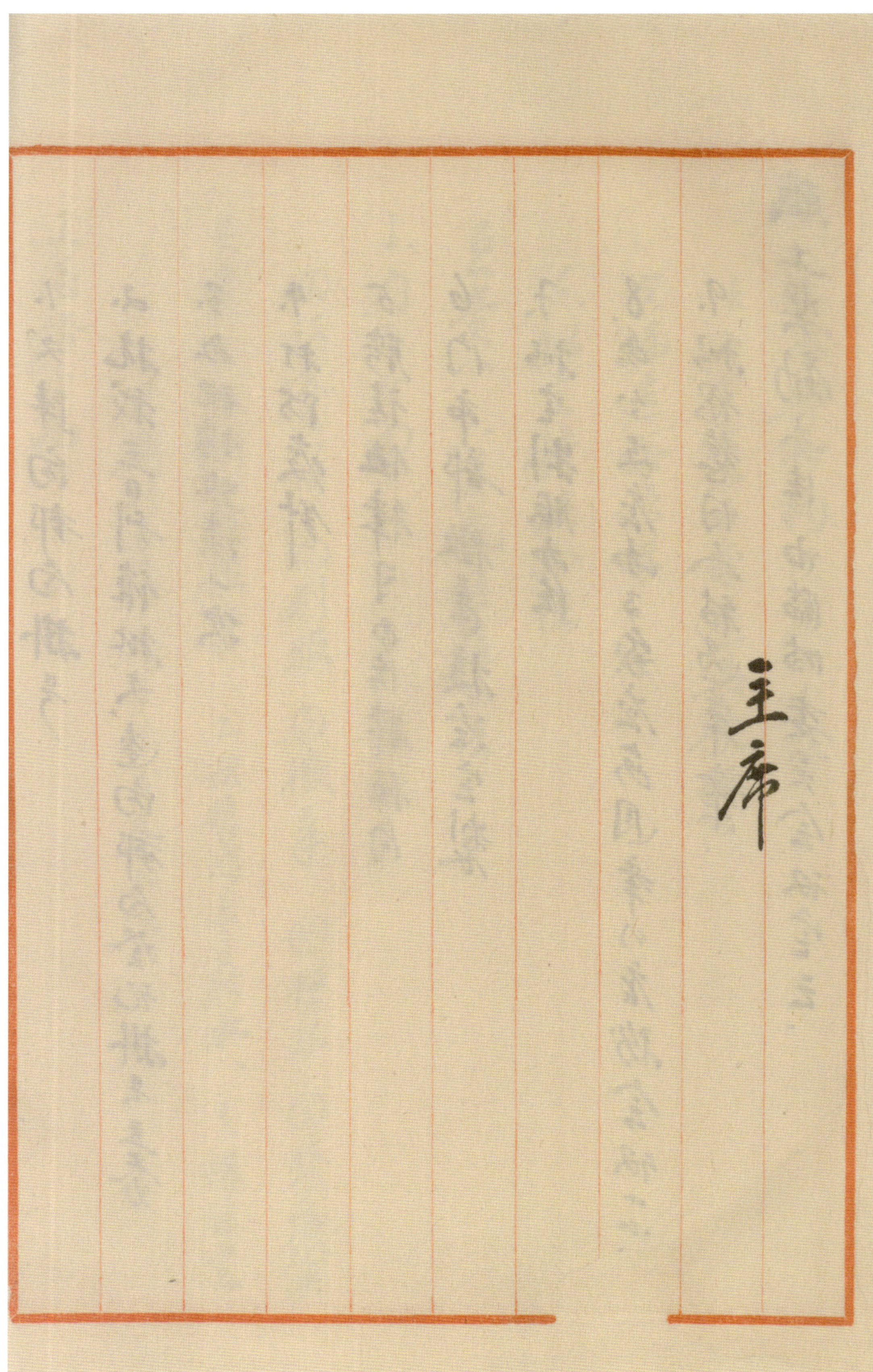

主席

第二次業務會议

開会日期　廿七年五月十八日

開会地点　漢店三樓

出席者　張志民　張又新　孫潔人　任乾英
顾一凡　張仲實　方学武　艾逖生
嚴長衍　全以揖

主　席　艾逖生

記　錄　張又新

主席　請各科報告上次規定各件工作

A. 總務科：

①每十天抄一份书报告，已抄好．

B批发科

①南京中央欠款候卢芳返渝，托严先生去催．

南东方已托蔡、南郑催取，同业欠款预备月/

以总催．

②各地书籍销路调查表正式草就．

③抗战三日刊本埠规定准时送来发出办法．

议决：抗战三日刊当天送五千门市1000 批发4000（1000

二时前送到（发湘3000 五时左右送到）

又 第二天下午二时完全送齐，第二天早晨发分支店办了密，下午发行业，第二天批发科完全发清。

C.出版科：

①《世知》《妇生》出版日期已调整，《世知》由一号十六号，《妇生》由九号廿号。

②本版杂志，希望不要重复，调整一下。

③十几天内已出书多种。

D.编审科

①《生活日记》今年拟编中

②《世知年鉴》今年拟编中

③抗日活叶文选机编中。

㈣抗战服务团丛书已付印三种，战时乡村工作亦将出版。

E.发行科

1.确定分区发行办法，已做到，

2.关于以前的上海定户，今后仍继续发出一节尚在进行中。

3.以前「国民」「文学」「光明」定户改发「文阵」信已发出，

新定户推广办法在计划中。

F.门市：

①树窗广告：每月至少更换一次，已实行。

②另张广告仍缺人经常绘写。

③外版新书的快慢，是要进货去迅速添置的，主要原因是要审查一切快。

④整洁工作，因为门市部至今还没有做清洁工作的人，希望快些派定。

⑤一般小册子已不很好销，目前最感缺乏是理论书籍。

⑥制服已在做，价约十五、十六元，徽章还没有找到做的地方（接洽过的地方不合）

G 邹编科：本月底完成的这几件工作：

⑴书券前由孙梦旦先生赴粤带去广州付印，但书店印就或未印，须去函询问明白，以便进行

⑵总部移汉事，须询经理进行如何，

⑶卡片已全部检查完毕

⑷每星期至少结清一百帐户，没有工夫做到，

⑸本版书目抗战书目尚未编就付印，

⑹推广办法

(甲)编印书目（可併入第五项内）

(乙)复刊「读书与出版」

尚未做到

(丙)創办“抗戰与救亡精粹讀物叢庫”緣起大意及办法已擬就，請編輯部起稿，並選定書目。

主席

第三次業務會議

開会日期　廿七年五月廿五日晚七時

開会地点　漢店三樓

出席者　艾逖生　孫潔人　張志民　張又新
任乾英　金汝楫　趙曉恩　方學武
顾一凡　嚴長衍

主　席　艾逖生

記　錄　顾一凡

主席報告：最近發呈期，徐先生患病，各方面的事急待整
理，首先我們要討論各科需要增加多少人，因為

时局紧张，在用人方面，当然不能如平时一样，但工作也是重要，所以我们决定添人。

A. 校务科：校务科事情烦忙，需添一人，能有懂得四角去更好。

B. 批发科：因为过去发货时有错误，故决定派人到栈房去开单发货，至少要增加一人。

C. 发行科：目前尚可应付，希望立添加写腊纸的人来时，要他有空帮同本科写。

D. 邮购科：过去积件甚多，至少增加二人，才能应付。

E. 进货科：能添一人最好。

F.门市科：被收发科调去一人，急待添加补充。

营业部共计需增加六人。

G.编辑部：要一校对

H.总务部：要一人能写文件、算盘并能写蜡纸。

门市科：另添一人专办销书手续（什志不销书）每届月终收销书、账单与存书核对一次。

又 星期日休息办法，以对外不停止营业为原则，在休息值日，则由上面抽调同人值日，详细办定，由店程指定同人，征求各同人同意决实施。

I、出版部：关于出版新书及重版书之不能按期出版问题。

薇：重版书较好的纸版（如萍踪寄语忆语等）均在广州、汉口没有纸版，无从付印、信已寄去十六纸版仍未寄来，纸张缺乏，价格飞涨，我们当不能大量购买，故不能很快出书，新书在我初到汉口时，只有七本在付印、印刷所能与我们负责的亦只二家，现已陆续赶做。

主席

六月份第一次業務会议記錄

開会日期　廿七年六月十日晚

開会地点　滬店三樓

出席者　徐伯昕　張仲實　艾逖生　嚴長衍　張志民　張又新　顾一凡　方学武　趙曉恩　孫潔人　吴全衡　徐啟運　金沙揖　任乾英

主　席　徐伯昕

記　錄　吴全衡

報告事項：

经理报告：

(一)四月份各分店营业情形一律都较三月份减低。

(二)各分店最近的变动情形

a.香港　b.兰州　c.天水

以上三分店俱在筹备中

d.六安办事处移麻埠

e.宜昌办事处准备收缩，改与当地同仁特约。

f.广州分店自广州连日遭袭轰炸后，拟调一部份办事精干部先去香港，粤的留一批人，俟将来南宁设支店，移货去，柳州拟设办事处。

（三）預擬中的分區办法：

a.西北區：包括陝、甘、寧、青海、綏遠、山西一部、

已設分店及办事處者計：西安 蘭州 南鄭 天水

中心——西安、將來擬移南鄭。

b.華西區：包括四川、貴陽、湖北一部份。

已設分店及办事處者計：渝 蓉 黔 萬 宜昌

中心——重慶

c.西南區：包括廣西 廣東 湖南 江西 浙江

已設分店及办事處者計：桂林 梧州 衡陽 長沙

南昌、

中心——桂林、

D. 華南区：包括香港 雲南 上海 新加坡

中心——香港

(四) 濘店的準備遷動问题：

本月十一号起各科開始準備，至十五号止，十六号起開始遷動。

討論事项：

(一) 總管理處遷移问题：

總管理處遷往何地，对於书店影响至大，業務会议無權決定，祇能作原则上之供獻意見。

a.總管理處應隨整個文化政治之中心而遷移；

b.總管理處應隨金融活動之中心而遷移；

C.總管理處與造貨、發貨中心設在一起。

D.暫擬總管理處所在地：重慶、香港。

议决各項：

(一)各科遷移問題

a.郵購科—集中重慶，分店當地郵購戶由分店自行辦理；

b.發行科—隨雜誌之出版而移動，採分區辦法；

C.進貨科—各分店當地有出版機關者在當地接洽，

存刊由總店發，

a. 批發科——先去長沙，

b. 推廣科——採分區办法，根據造貨及出版中心而其他各部份大体上總隨總管理處遷移，

（二）雜誌遷移及繼續出版問題：

a. 決定繼續出版之雜誌：抗戰三日刊　世界知識

b. 有條件保留的雜誌：婦女生活　文藝陣地　戰時教育

c. 應行停止出版之雜誌：全民　新學識　集納（与世知合併）

d. 決定繼續出版之雜誌遷往何處：

抗戰——隨軍事中心走；

世知——香港

婦生　文陣　戰時教育

以上三種在原則上確定應遷往何地，須与編委商榷後再決定。

主席

一、

业務會議第　次紀錄

開會日期　六月十五日

出席者　徐伯昕　陳其新　倪乾英　金仲梅　陳志民
　　　　艾逖生　顧凡　黃寶珣　嚴長衍　趙曉恩
　　　　徐啟逵　邵振華　吳寶衡　方學武　孫潔人

主席　徐伯昕

紀錄　吳寶衡

一、主席報告：

㈠關於分區及管轄出版在臨時委員會議上已通过。至於漢粵兩店，漢店劃入西南區，粵店劃入華南區的範圍內。

各區名稱為生活書店××區管轄處，其管轄範圍為幽營

……（讨论先决并决临时委员会议决案）

㈡ 临时委员会通过总管理处决迁至广，因广东目前有下列诸优点：

a. 文化政治中心；

b. 航线灵活，管理方便；

c. 印制方面可不受影响，惟须与当地金融机关建立基础（多在重庆，比较便利。）

㈢ 临时委员会通过决定出版及造货重心为下列各地：

a. 出版方面：编审渝、港两地。香港所收稿件可编审国际及学术方面，青年文艺等。

b. 造货重心设桂林及上海，因桂林印刷方便，纸可由港粤运来；上海纸价低廉，印刷成本轻。

c. 渝港编审印刷。渝自印数量限供西南西北及华西两区，先利用土纸印；港印数量限于本地及国外。

二

四、临时委员会决定撤销迁移及停刊问题：

a. 抗战——迁渝

b. 世知——迁港

c. 妇女生活，文艺阵地，战时教育迁移地点在商酌中

d. 全民周刊，集纳，抗战，世界知识合併。~~新~~

e. 新学识停刊，商业丛书。

二、讨论及议决事项：

(一)、关于汉店如何收移办法~~等~~问题：

议决：

在原则上为此决定：汉店收移时偏重湘西，只一小部份人去渝，

下月初汉店书报发完后一律不开。

(二)、关于收移筹备~~等~~问题：

议决：

a.各科已準備妥當之迁移文件，帳冊，單據（不需用者）集中起來，十六日起裝箱待運。

b.各同人行李除必要者隨身攜帶外，餘限三日內整理妥當，將裝好之箱由總務科運往指定地點。

c.各同人應用之文具，應各自集中，各自攜帶。

D.各科應用之各種空白簿冊印刷品等，由各科負責人整理集中，俾便分別裝運。

㈢、關於各科分別準備問題：

a.出版科：

1.已發排者月底前趕出！

2.續發稿者酌限月底前趕出者發排，原則寄滬發排。

3.重版書除必要者外，緩印。

4.本版計劃數量，準備運湘。

三、

5、长的方面派人专件催印刷事宜；

6、各新诸题速装合订本。

B、邮购科：

1、为广告一通告，一面并推广品，一面通知邮户卡集中重写

2、除营业部代收外，余均移交重庆。

C、会计科：

1、总帐移渝；

2、营业自七月一日开始立分店帐；

3、批发帐及进货帐分店部份将来移湘；

4、发一通知，俾各分店于会计科结帐时，应将帐册寄交重庆。

D、批发科：

1、总务移渝；

2.营业部仍称股长[illegible]

e.进货科：

1.总经理制，

2.营业部仍称股长制。

f.业务科：

1.本版新书采取通知法；

2.外版新书暂留营业，俟外版新书积定后再商定办法。

[illegible]

生活出版合作社

生活书店理事会记录（1939.1）

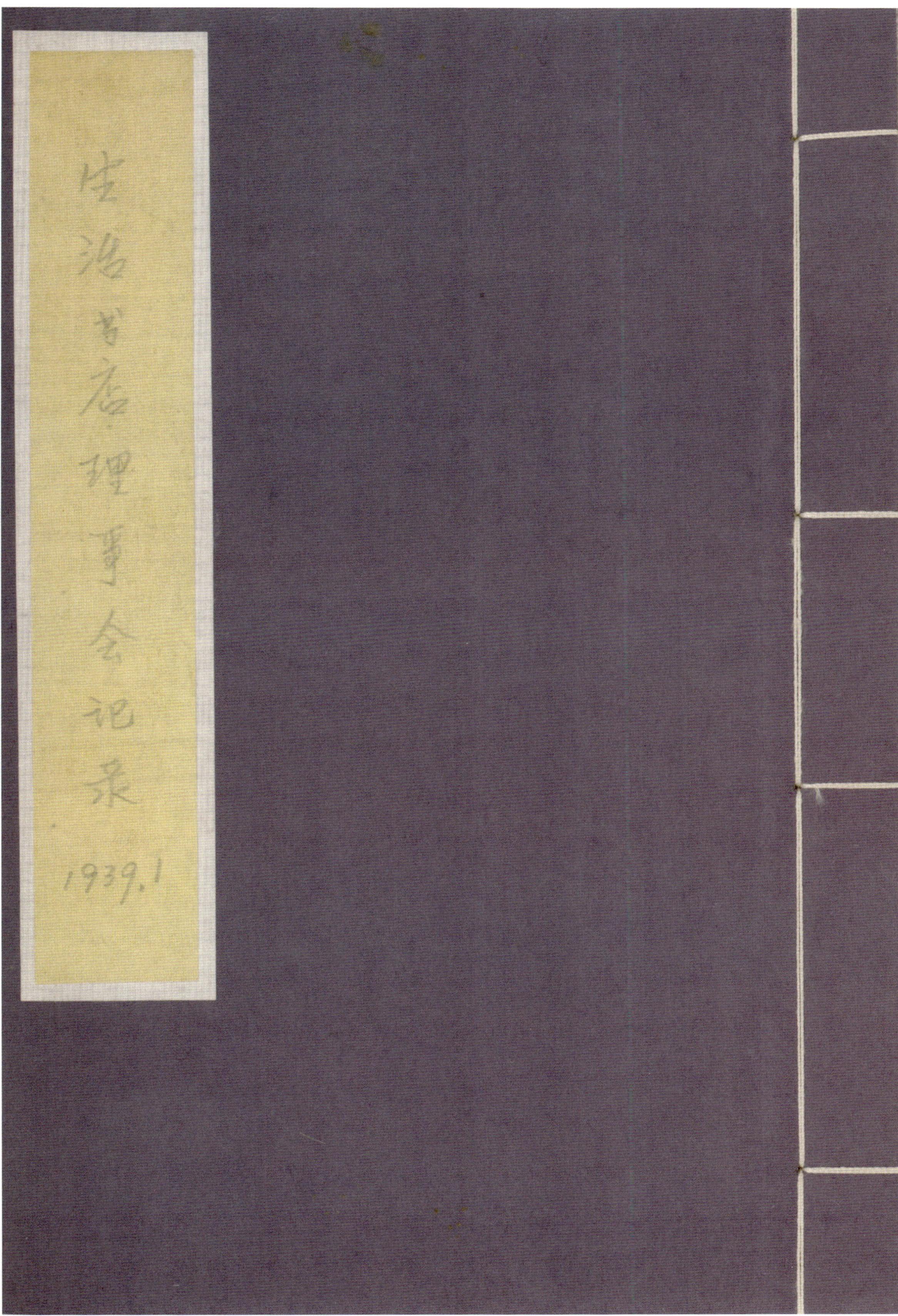
生活书店理事会记录
1939.1

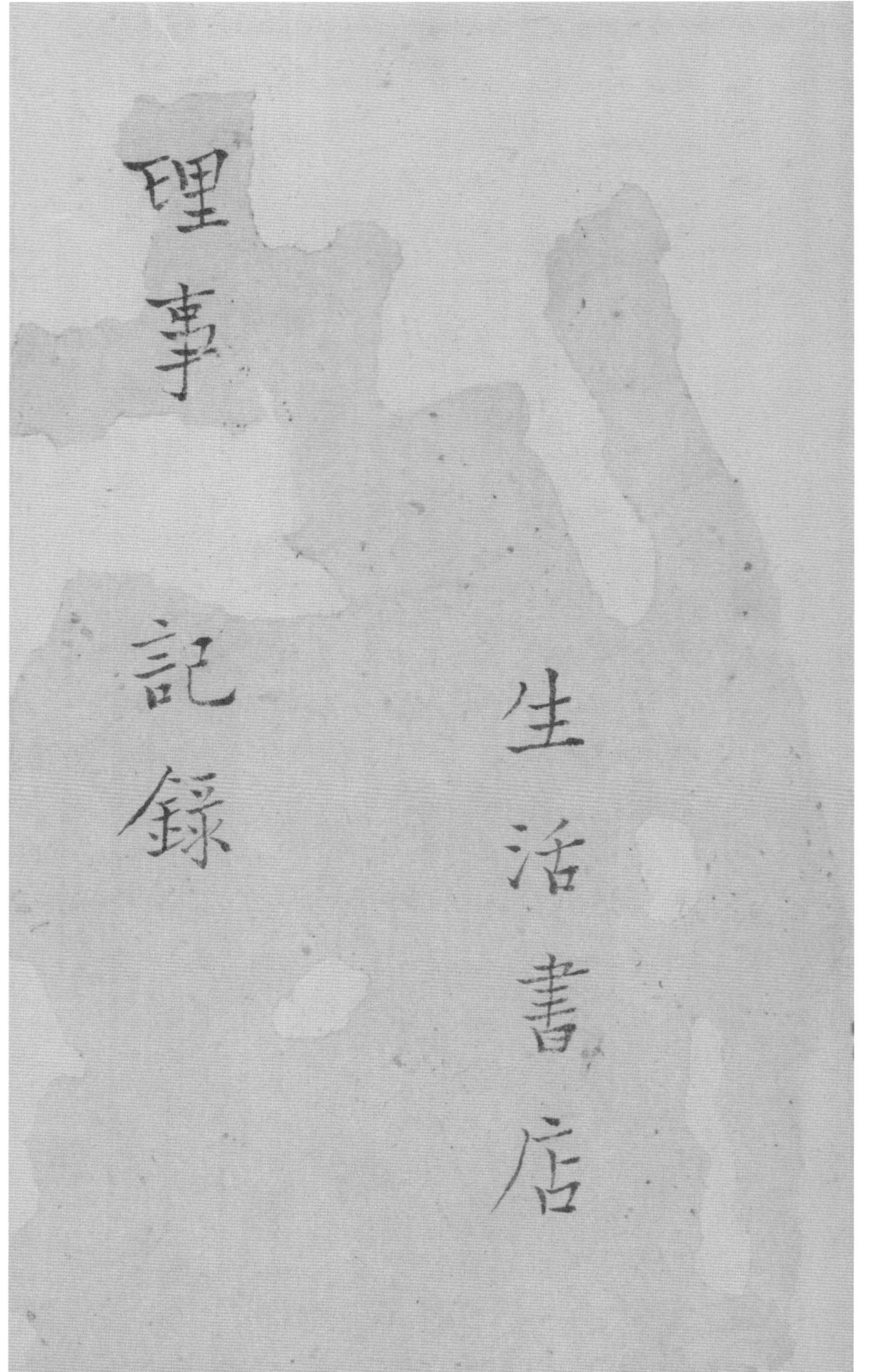
生活書店
理事
記錄

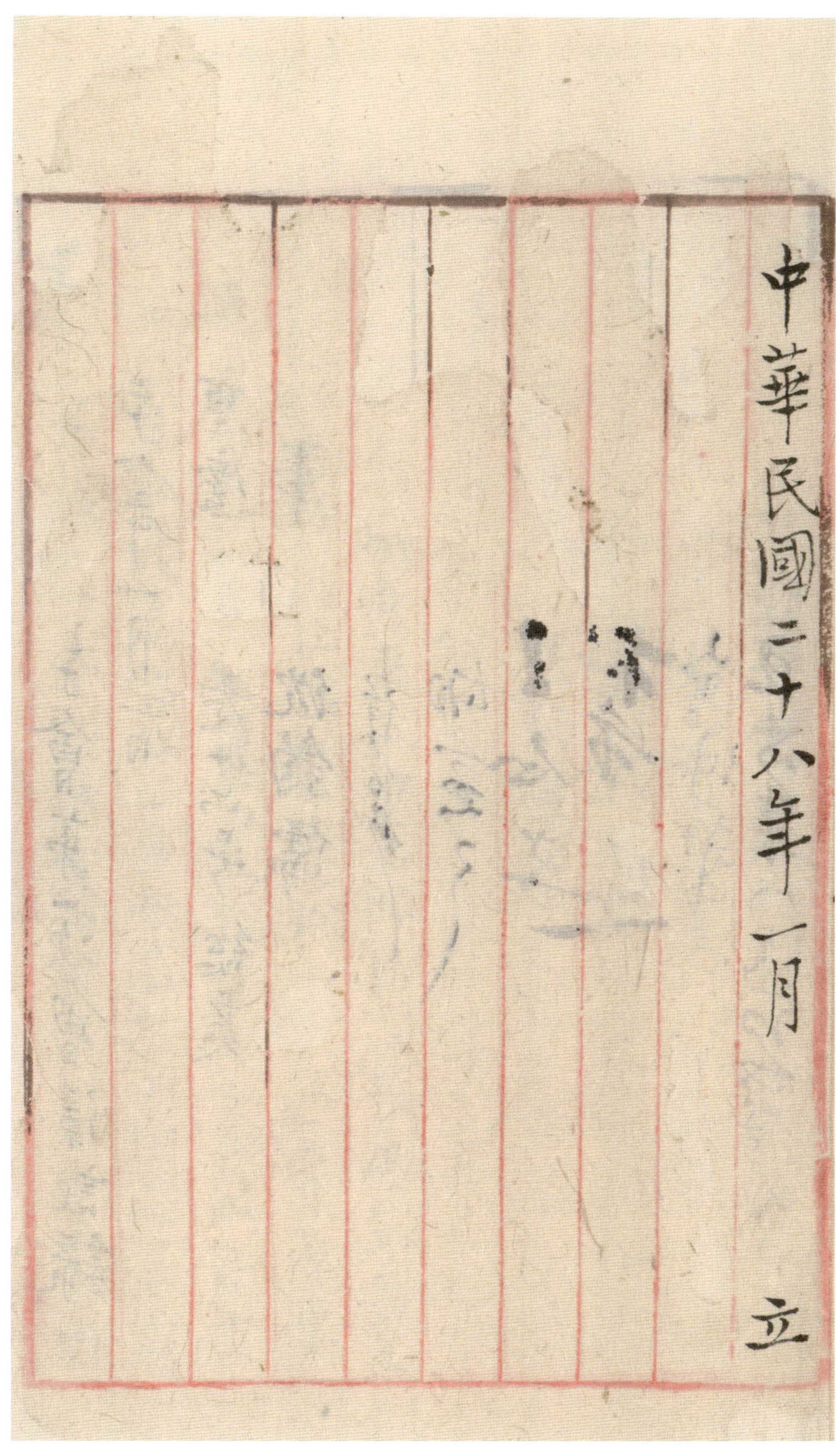
中華民國二十八年一月 立

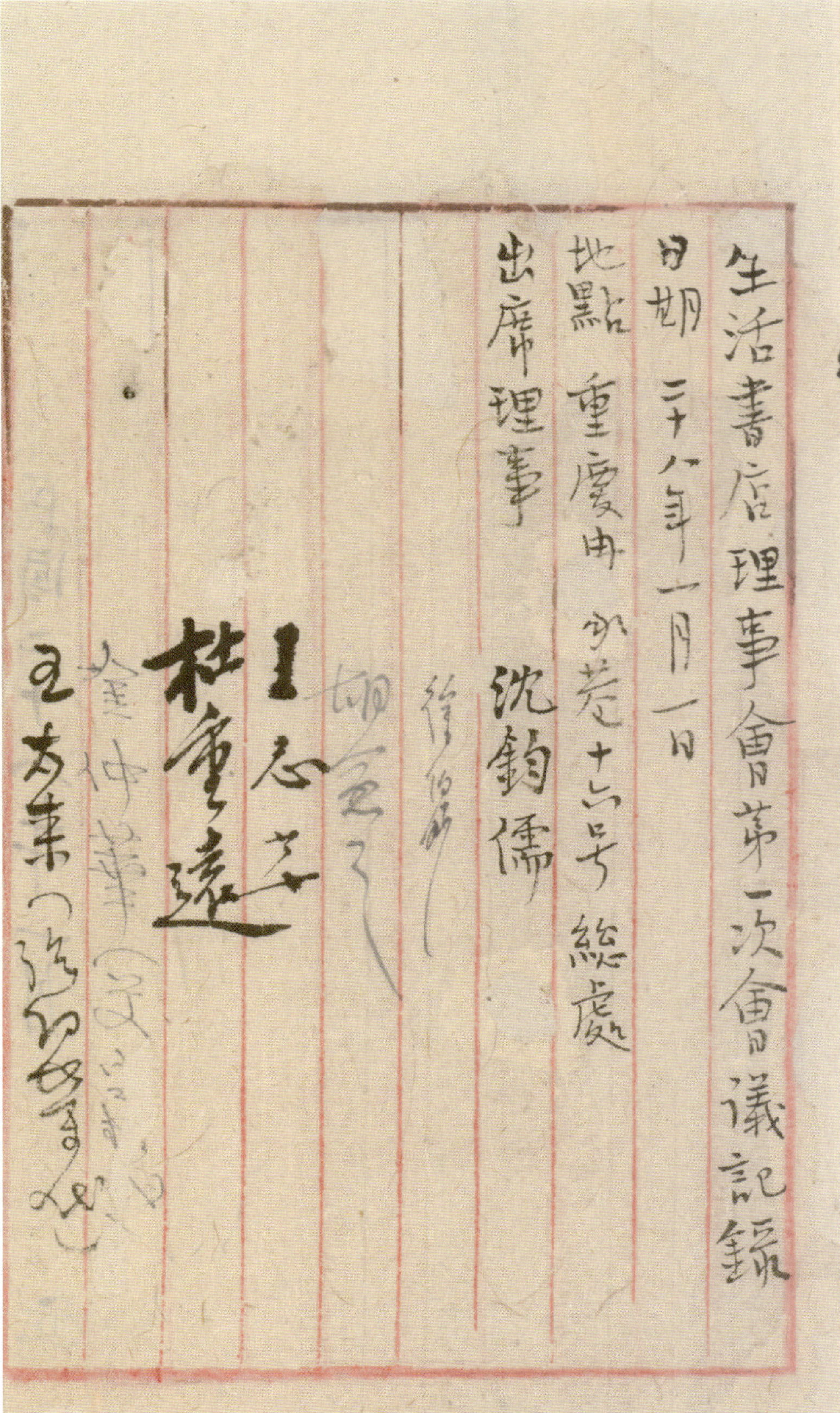

生活書店理事會第一次會議記錄

日期 二十八年一月一日

地點 重慶冉家巷十六号總處

出席理事 沈鈞儒

徐伯昕

胡愈之

王志莘

杜重遠

金仲華（艾寒松代）

王太来（張仲實代）

張仲寔

韜奮

臨時主席　徐伯昕

記錄　王泰來（張錫榮代）

三、報告

甲、本店歷年來為社會服務，以推廣教育文化為責旨。自抗戰發生以後，一二年來營業方針更極[illegible]為抗戰建國文化略盡貢獻。自滬淪陷後，一方面感於上海營業特形惡劣，一方面感到推廣內地文化之重要，因之將總店由漢遷渝，建立川地營業之中心。旋因業務上管理便利起見，將總店改稱為總管理處，則為管理各分店之機構。去年八月間武漢局勢緊急，本處決定要移至重慶。迨於十月間廣州失陷後，武漢情勢突更危迫，乃於十月廿日將留守之一部份同人完全撤退。此係本店總管理處在漢口建立以迄於遷移重慶之經过情形也。人事方面，因總處遷渝後工作較繁，而一切業務管理上亦需要有調集一部份外埠分店同人商討之必要，因之總如已調回廣州、西安等地經理留渝工作，職務分配上感到人手較為充足。此係最近總處人事方面之大略情形也。至於營業方面，雖在抗戰以增設分店有二十餘處，但以造貨及運輸等種種困難，不無受到限制之處。尤以本版貨供應頗為不全，上海由各分店自行接洽販賣外版書以資補救。現在二十七年度帳冊尚未全部寄到，故無法作比較精確之報告，約計去年全年營業總額共達四十餘萬元。惟以戰時造貨成本提高，運輸、郵遞移及同人福費支

出實增，並以廣州分店毋從及遷退，全部存
貨遭受損失，而漢口長沙二分店撤退時
亦有印貨損失，因之估計營業損益約需純
損三萬餘元之譜。此關於本年度營業
概況及結算方面之大概情形也。目前本店較
大部分店大半淪陷敵手，營業打擊，不可言
喻。今後造貨重心須在重慶，但彼此印刷困
難，成本高貴之情形下，若不提高定價，能銷
路恐不能暢旺，因之本店將陷於上之困難，營
業上之調整，均須予以深切之審慮也。諸位

对於本店事業熱誠贊助，本人代表本店同人全體深致感謝。並望今後多予指教襄助為幸。

討論及決議事項

一、理事会應如何推選常務理事俾經常主持會務案

決議　推定徐伯昕、鄒韜奮、胡愈之、王志莘、金仲華五人為常務理事，並互推徐伯昕為主席。

一、本会每隔二個月開会一次，常務理事会每隔

三個月開会一次。

一、徐理事伯昕以體弱事煩，懇請辭現任經理職務案

決議 推舉鄒理事韜奮為總經理，徐理事伯昕為經理。

一、如何調整總各部人事案

決議 調任邵公文為總務部主任，嚴長衍為生產部主任，孫明心為營業部主任，張志辛為服務部主任。

一、恩施、酆都、天水三處支店營業狹小，應

否收本案
決議 通知酆都、天水、恩施三分支店限期收束，恩施人員移併宜昌分店，酆都人員移併萬縣分店，天水人員移併蘭州分店。

一、本店為便利貨運擬購卡車一案
決議 通知香港分店購置卡車一輛，設法由海防轉口經廣西聯重慶應用。

散會

主席 徐伯昕

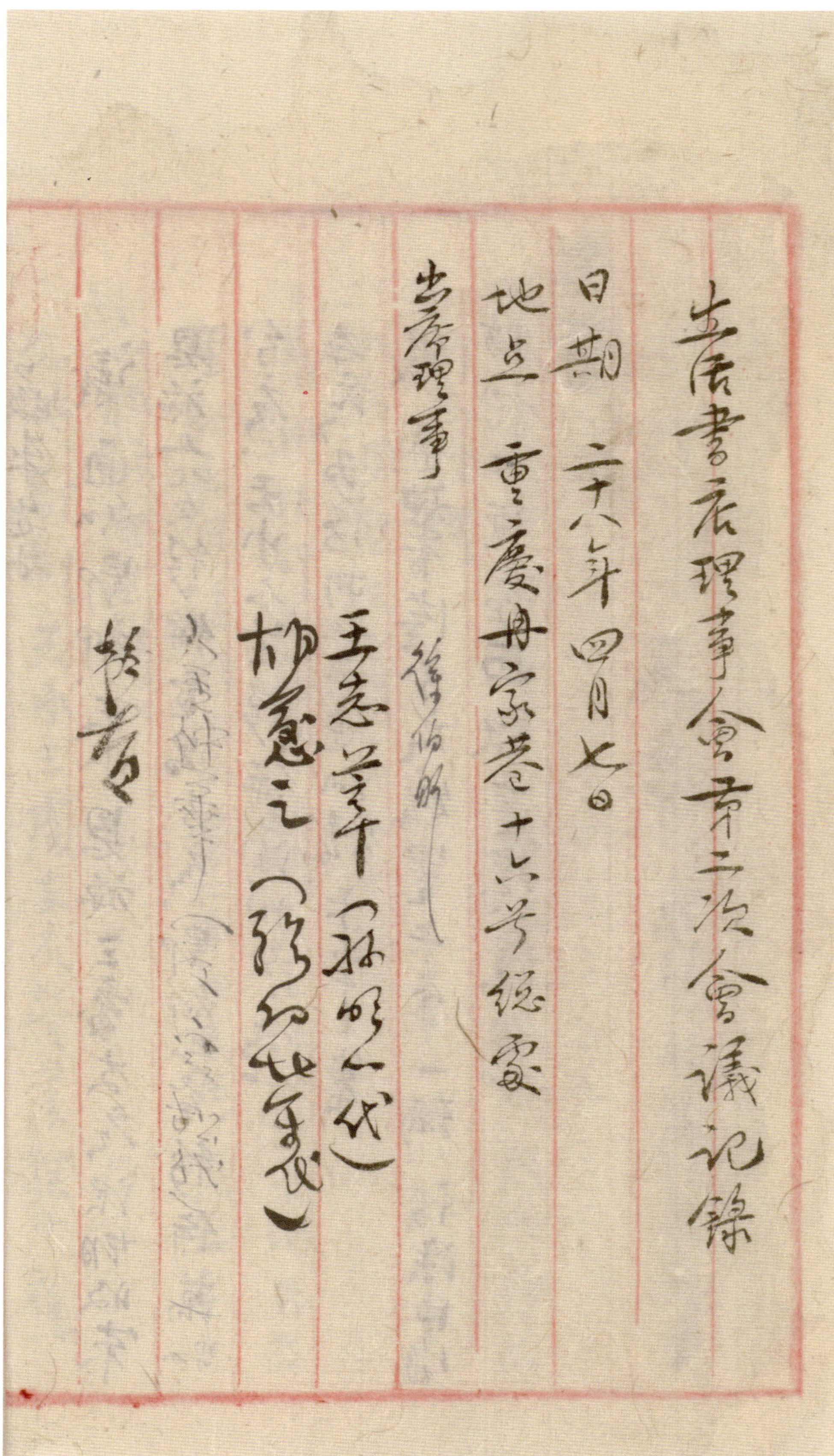

生活書店理事會第二次會議記錄

日期 二十八年四月七日

地點 重慶冉家巷十六號總處

出席理事 徐伯昕

王志莘（孫明心代）

胡愈之（張仲實代）

杜重遠（[illegible]代）

韜奮

主席　徐伯昕

記錄　王志莘（孫明心代）

主席報告

最近三個月來本店營業頗見低落，究其原因，實因廣州武漢兩店失陷以後，內地分店來貨缺斷，渝地造貨生產量薄弱，除定期刊物勉強能出版外，書籍印刷困難，大有無法供給之虞，是以營業上影響甚鉅。惟最近香港桂林等處分店營業較好，南寧梧州等處局勢亦見穩定，故此後如能造貨迅速，運輸有辦法，營業方面當不難逐漸補救。不過自郵局增加寄費以後，此後對於舊書售價之加成以及新書定價之增高，實一最要問題。目前各分店中營業平常者似有酌予收縮或撤移之必要，此點當於討論時具体提出之。

關於本店人事管理及督促同人業餘進修，職業技能等等，已由總務部擬具各項辦法，並成立同人自治會。

關於造貨成本提高以後，批發折扣亦不得不

亦為提高，其事已責成營業部修訂一切法，通知分店照辦矣。

最後，報告本店最近遭遇兩件不幸事：一為服務本店歷史甚久，管理本店全部會計之孫夢旦先生不幸於四月一日在餘姚原籍病故；一為萬縣分店於五月四日被敵機轟炸，店舖貨物全部焚燬，同人何中立先生殉難。本店在患難中遭此劇痛，殊為哀悼。除已分電慰唁孫何兩人家屬外，本店自應顧念員勞，從優撫卹。

討論及決議案

一、孫夢旦何中立兩同人，一則因公積勞致病，一則因公被誣犧牲，本會應如何從優議卹案

決議、孫夢旦先生在職十三年，主管本店會計，勞績卓著，此次積勞致死，實帶有因公性質。孫先生遺有妻女，身後蕭條，決一次給與喪葬費二百元，並自本年四月份起按月津貼其家屬撫卹金半薪十三年為止。

何中立先生因公致死，一次給與喪葬費二百元，並自本年三月份起按月津貼其家屬撫卹金全薪，滿二十年為止。

一、百色、閩江、西安支店營業不振，應否收束案

決議　百色分店限期收歇，同人及存貨移併邕店，陸石冰調任柳州分店會計。閩江分店限期收歇，同人及存貨移併萬縣。

一、華南方面戰局穩固，前方需要文化食糧甚感迫切，本店應否籌設分店案

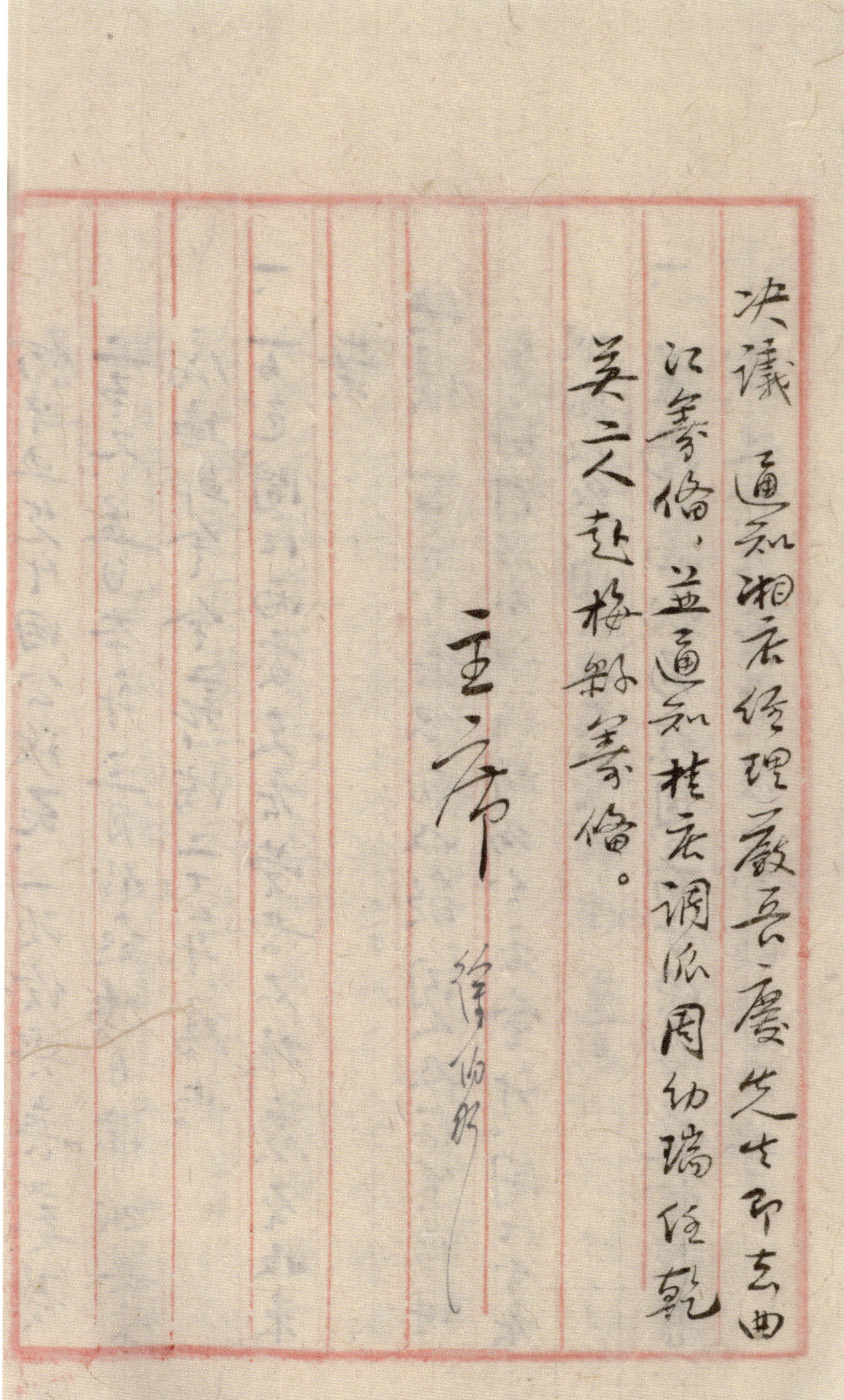
决議　通知湘店經理嚴長慶先生即去曲江籌備，並通知桂店調派周幼瑞任乾英二人赴梅縣籌備。

主席

徐伯昕

附录

一、报告材料

報告材料

(一)總處半年帳報告

(二)本店成立經過

（在本店成立之前，本店前有特約所若干。情形即本書已有本有若干，並與臨時委員會呈以前所已報告。）

本店為配合全面抗戰，展開文化工作起見，自"八一三"上海抗戰爆發後，在經營業務方面，即向內地開拓。除原有滬、粵、漢三地外，先後在西安、重慶、長沙、梧州、成都、貴陽、桂林、昆明、香港、萬縣、蘭州、南昌、吉安、金華、沅陵、常德、南鄭等地設立分店，更在宜昌、衡陽、六安、天水、立煌、曲江、鄞都等處設立支店，以期文化陣線上精神食糧之供給，普及於全國。

本店全國批發戶原有四百六十戶，（係批發戶（都係主計股登記的），經常與本店有往來者。因戶口太多，無從開列戶口日期，無從分別。）分佈河南、湖北等十二省，以河南為最多。河南151戶、浙江57戶、陝西46戶、廣東45戶、江西36戶、湖南34戶、四川32戶、福建18戶、貴州11戶、廣西10戶、甘肅10戶、雲南9戶、新疆1戶，共四百六十戶。自"八地分支店及辦事處成立後，新增批發户約在一千户以上，計陝店127户、滬店300户、湘店12户、杭店18户、晉店144户、蘭店16户、滇店50户、港店5户、蜀店138户、贛店1户、沅店8户，共八百十九户，尚有汴、粵、桂、鄭、常、金、衡、（根據兩年前調查表）
天、皖、豫、蘇等地批發户約有三百餘户，較之以前，已增加二倍以上。

（三）郵購户最多時為何時？有若干户？散佈情形？與臨委會未成立前之比較如何？
郵購户最多時在廿六年三四月之間，户名有五萬餘户，散佈全國各省及南洋歐美各地，國内以河北山西及廣東為最。在臨委成立時計郵購户有二萬户強，自臨委成立後，迄八一三止共有五萬户，計增一倍餘。（以上根據郵卡）

(四)臨委會成立後，曾新訂過何種規章，修正過何種規章，已訂而未實行者有幾種：

自臨委會成立後，曾新訂有章程十八種：

(一)生活書店員工試用辦法（廿七年十月八日臨委會第二次常會通過）

(二)生活書店職工佩帶證章試行章程（廿八年五月廿日臨委會第十三次常會通過）

(三)生活書店職工住宿店內津貼辦法（廿八年五月廿日臨委會第十三次常會通過）

(四)生活書店試用職工到職須知（廿八年六月四日臨委會第十四次會議通過）

(五)生活書店職工預支薪水及借款辦法（廿八年七月九日臨委會第十七次常會通過）

(六)生活書店職工疾病死亡津貼試行辦法（民國廿七年八月三日臨委會臨時會議修正）

(七)生活書店門市科職員穿著制服暫行辦法草案（廿八年五月六日第八次常會通過）

(八)生活書店職工調往外埠旅費及假期試行辦法（廿七年八月三日臨時委員會臨時會議修正）

(九)生活書店分店職員服務規程（廿八年廿四日臨委會第六次常會修正通過）

(十)生活書店組織大綱草案

(十一)生活書店同人儲金章程（二十七年八月四日臨委員通過）

(十二)生活書店分店暫行辦事規則（廿七年八月七日臨委會通過）

(十三)生活書店分支店辦事處店務會議議事規程。

(十四)總管理處業務會議議事規程草案

(十五)生活書店職工赴外考察及留學津貼辦法（未公佈）

(十六)生活書店編審委員會組織大綱草案

(十七)生活書店收印圖書辦法草案

(十八)職工薪給規則草案

已修正者有五種，分錄如下：

(一)生活書店職工疾病死亡津貼試行辦法（民國廿六年八月一日[illegible]修正）

(二)生活書店職工調往外埠旅費及假期試行辦法（廿六年八月一日[illegible]修正）

(三)生活書店分店職員服務規程（廿八年一月廿日[illegible]修正）（現仍在編訂中）

(四)生活出版合作社章程修正草案（廿八年三月十四日）（現在編訂中）

(五)生活書店分店營業辦事規則（現在編訂中）

乙、前未實行者有二種：

(一)生活書店職工赴外考察及留學津貼辦法

(二)生活書店職工訓練班辦法草案（廿八年九月十七日修正通過）

(四) 書業的人事變動，及在臨委會以前的人數比較。

臨委會成立時，滬、漢及港、渝[illegible]計工作者有八十四人，自成立

以至八月二日止，退職[illegible]，全體[illegible]及[illegible]事業[illegible]，直至廿七年

十月止，增至一百二十六人，因過[illegible]者有七人，試用不適合有十人，

自動辭職者有五人，因不稱職三人，未[illegible]五人，參加救亡運動者

一人，其他二人。[illegible]

（六）雜誌停刊數種、新出數種、最大的銷路。

在臨全會前之前，共十三種，以後陸續出版者有十三種，共廿六種，其中已停刊者有十八種，現繼續出版者有七種，全民與抗戰合併為全民抗戰一種。

已停刊十八種

1. 生活週刊
2. 星期三週刊
3. 新生週刊
4. 大众生活週刊
5. 永生週刊
6. 生活星期刊
7. 光明半月刊
8. 太白半月刊
9. 文學月刊
10. 文學季刊
11. 譯文月刊
12. 新字識
13. 中華公論
14. 戰時兒童
15. 國民週刊
16. 抗戰畫報
17. 集納
18. 生活教育
19.
20. [illegible]知識

繼續出版七種

1. 世界知識
2. 婦女生活
3. 全民抗戰
4. 文藝陣地
5. 戰時教育
6. 國民公論
7. 理論與現實

全民
抗戰 合併全民抗戰三日刊

原有七套叢書

書名	主編人	已出冊數
時事問題叢刊	胡愈之	已絕版
創作文庫	傅東華	廿三種
翻譯文庫	本店編輯部	五種
世界文庫	鄭振鐸	第一年十二冊 第二年九冊
文學叢書	編譯所	六種
文學社叢書	文學出版社	六種
小型文庫	文學出版社	十一種

(八)叢書原有幾套？新出幾套？銷行情形如何？

叢書原有七套，新出廿套，共廿七套。

(七)單行本以前有若干種，這中間增加了多少種，何者銷數最多？

單行本在臨會成立前出的有一百二十餘種，最近止共有四百八十餘種，較前增加三倍，其中以銷數為多者，過去有為「青年的修養與訓練」，現今以「青年自學叢書」「世界知識叢書」「政治經濟學講話」「業餘音樂」等書，總括可分三個階段，第一階段以青年修養之書銷行為最，第二階段以社會科學書為最適合讀者需要，第三階段為「八一三」後，以救亡讀物銷數為大，其中尤以戰時讀本為最。

新出之廿套

書名	主編人	已出册数
百科小譯丛	張仲實 沈志遠	二種
世界名著譯丛	編輯部	四種
婦女生活丛書	沈兹九	六種
黑白丛書	錢俊瑞	十五種
青年自学丛書	張仲實	廿八種
大众讀物丛刊	江凌	七種
抗战中的中國丛刊	長江	八種
救亡文丛	胡愈之	十四種
战時大众知識丛書	白桃	九種
黑白丛書战時特刊	錢俊瑞	廿一種
問題與答案丛刊	張仲實	七種
世界知識战時丛刊	金仲華	六種
西北战地服務團丛書	丁玲	三種
大众抗敵劇丛		十二種
战時社會科学丛書	柳湜	四種
中國文化丛書	周揚	一種
新中國学術丛書	張仲實 沈志遠	未出
自由中國丛刊	陳北鷗	二種
战時通俗讀物	通俗讀物編刊社	六種
世界知識丛書	金仲華	廿種

(九) 編委會的成立經過

編審委員會係根據「編審委員會組織大綱草案」，由出版部主任、各主筆及聘任之委員七人組織之，從事於編審規劃、審查書稿、出版方針、編譯方案及其他有關編審各事項。

(十) 業務及科務會議

業務會議係根據本店組織大綱第十二條之規定，由經理及各科主任組織之，每二星期開會一次，討論各科有關業務上困難與改進事宜。

科務會議係各科小組會議，各科在必要時，由各科主任召集之，必要時經理亦得參加討論，但該會議無決議權，各小組會議應將每次會議經過報告於業務會議，作最後決定。

(七)中间经过数次风波，如被市政府取缔、市党部取消中央宣部
部委过年经过，始得安然度过。

廿六年三月中宣部以本社历年出版及经售书籍内多左倾者颇多，又于西安事变时将大量左倾书籍运至内地销售，特训令上海市政府市党部会同派员来社检查，除已检得分别详予查扣作品须销毁者外，并另行分呈市政府市党部转向中宣部解释误会，始告平靖。

廿六年十二月中旬本社至上海北站书亭购张书国的被扣事，书店被检，经于一月中释放。

廿七年二月廿四日上海总社被日本宪兵司令部侦缉队日人占三人搜查并扣留，所幸事前已有准备，当日除被查去部分书籍外，计损失约三千册，且扣去存书数种，本社仍在设法，虽事后曾一度被拘负责人员，幸已经半载，始未损失。

（十二）增加資本的經過

本店原報資本額為五萬元，於廿六年　月曾向上海市社會局申請增加資本十萬元，總數為十五萬元。

（十三）關於同仁福利事項

本店對同仁福利事項，已經規定之章程共有四種：

（一）生活書店部分同人疾病死亡津貼試行辦法（廿七年八月三日臨委會修正通過）

（二）生活書店職工出外考察及留學津貼辦法（未經辦事會討論通過）

（三）生活書店有眷屬職員之住外津貼規則（廿七年十月十三日臨委會第十九次常會通過）

（四）生活書店職工調往外埠旅費及紙物試行辦法（廿七年八月三日臨委會[illegible]）

（四）臨委會成立以後收稅抽版稅者若干部？買版權者若干部？與以前的比較。

臨委會成立前出书不多，且一切手續不完備，至已出版各书之抽版稅与買版權無從計算確數，根據已簽合同抽版稅約卅七部，買版權約廿部，最近二年來偏重出版方面，收印外稿甚多，計抽版稅較以前增二倍，買版權較前增六倍。

二、临时委员会工作报告

臨時委員會工作報告

本店臨時委員會係由二十五年八月三十一日第二次臨時社員大會通過組成，於同年九月三日正式成立，至（第三屆）理事會成立日止，計二年又十一月有二十五日。臨時委員會在此時期內之工作，茲擇要報告如下：

第一 關於社務方面者

臨時委員會係由理事會、人事委員會及監察委員會三個機構合組而成，委員人數為十一人（王志莘、杜重遠、鄒韜奮、張仲實、陳錫麟、李濟安、周積涵、張錫榮、孫夢旦、孫明心、徐伯昕），共舉行會議五十八次，議案達二百○九件，其中執行者一百九十三件，因困難而未執行者十四件。茲分別摘述如下：

（一）理事會部份

一、二十五年九月十四日決設候補社員，二十七年五月十三日取消此議。

二、籌設漢口、西安、重慶、成都、香港、桂林等分支店辦事處。

三、承理業務所得稅，申報本店資金十五萬元，負責人徐伯昕。

四、出版社外以上著述者：[illegible]、林[illegible]、張洪濤、諸祖榮、陸鳳祥、許三新。充任[illegible]臨時社員[illegible]、孫夢旦。

五、決定出版印刷書刊辦法。

六、組織編審委員會。

七、決定重心遷漢，由漢遷渝。

八、增加社員：黃任之、周俞之、沈鈞儒、楊衛玉、江問漁、胡仲秋、韋[illegible]、[illegible]、張[illegible]、徐植璧、邵公文、楊永祥、王志芳、金仲華、李仁傑、胡繩、任[illegible]、金則人、[illegible]、[illegible]、甘遽園、薛迪暢、陳文瀾、艾寒松、羅頌、陳原、張友漁、柳湜、沈志遠、許三新、馮成就、[illegible]等三十九人。

九、設立總管理處，修訂組織系統。

十、修改本社社章，並選舉第五屆理事、監察、人事委員。

十一、購置卡車一輛。

十二、組織社員小組會及業務會議。

（二）人事委員會部份

一、訂定考試工讀生辦法。

二、訂定分店服務規程。

三、訂定職工請病假及津貼辦法。

四、訂定門市科職員業績獎勵辦法。

五、訂定職工調往外埠旅費及假期發給辦法。

六、訂定本店出版[illegible]及[illegible]辦法。

七、訂定職工訓練辦法。

八、訂定職工私人通訊及[illegible]津貼辦法。

九、訂定職工請假獎勵及借款辦法。

十、決定在戰事發生時期暫行減薪。

十一、核定[illegible]、王錦雲、周保昌、嚴長衍、杜國鈞、諸祖榮等[illegible]。

十二、籌辦同人儲蓄會。

十三、訂定分支店同人住外津貼辦法。

十四、決設同人調職旅費及子女津貼辦法。

十五、印發工作手冊及生活週刊[illegible]。

十六、提高員工薪額。

十七、組織同人自治會小組會。

十八、核准陳元、何步云、孫夢旦[illegible]。

十九、決定[illegible]

二十、訂立[illegible]法。

（三）監察部份

一、審核二十五年下期決算。

二、審核二十六年上期決算。

三、審核二十六年下期決算。

本社会計年度，过去係自每年七月一日起至次年六月卅日止為一年度，現已改自每年一月一日至十二月三十一日止為一年度。臨委会開始時之第一屆半年，即二十五年七月一日至十二月三十一日止，各項帳冊，均按期送交潘序倫会計師查核証明。惟自抗戰開始，総店重心分散，因帳冊短期內不能集中，故尚未交由会計師查核。但此項結算報告，均曾按期在本会報告。茲將歷屆營業情形，分列如下：

1 營業總額

二十五年下期 二八二、八三七·四六
二十六年上期 三三四、五九八·〇九
二十六年下期 二七五、八四三·〇五
二十七年上期 四三五、二三七·一〇
二十七年下期 四六〇、〇五九·七〇

（説明）二十六年下期因上海重心分散，生產減少，營業亦因之低落。

2. 銷貨成本

二十五年下期 二一九、一七九·六九
二十六年上期 二六七、七一一·二〇
二十六年下期 一九一、五八六·八三
二十七年上期 三〇一、九一四·九〇

3. 各項開支

二十五年下期 三九、九六九·一二
二十六年上期 四四、一二八·〇五
二十六年下期 五六、一二四·一二
二十七年上期 七九、八九八·三二
二十七年下期 九八、六三一·六八

4. 歷屆盈虧

二十五年下期 盈 一、〇〇三·五四
二十六年上期 盈 一、一〇三[illegible]
二十[illegible]

5. 捐助生活週刊社創办者中華戰[illegible]

二十五年下期 二〇〇·七〇
二十六年上期 二二〇·六二

第二 關於業務方面者

本店業务方面，在臨委会成立之初，環境重重压迫，大众生活停刊，郵局路局扣書刊，因之各種工作，未能如預期之進行順利。此後抗戰開始，我軍西移，本店重心遷漢，以迄移渝，經濟漸較困难，造貨運輸等工作尤為艱苦。茲分别摘述其變遷情形如下：

（一）關於組織之變遷

本店原設總店於上海，分總务、編輯、出版、營業四部。後為謀業务上便利計，曾將編輯、出版合併為出版部，迄至廿七年七月一日起，在漢口組織總管理處，增設主計部。本年一月又將主計部併入總务部，出版部改為生產部，而增添服务一部，另設秘書處，並組織編審委員會，及成立東南、西南兩區管理处，同時建立社員小組，同人自治会小組，及業务小組三系統，使組織逐漸改進，更臻完善。

（二）關於業務之發展

1.增設各地分支店，使發行網遍佈全国。

本店在抗戰以前，除上海總店外，僅成立漢口、廣州兩分店，及香港之安生書店。安生後以營業不振而收縮歸併書店办理。自抗戰開始後，陸續增設西安、重慶、成都、桂林、長沙、梧州、昆明、貴陽、蘭州、香港等分店，同時增設萬縣、衡陽、宜昌、南鄭、立煌、吉安、南城、金華、丽水、天水、沅陵、常德、柳州、南寧、桂平、樂山、南平、於潛等支店及办事处，總計達二十八处。当沪重心移至内地時，曾與南京中央書店、杭州之江書店、開封北新書局、蕪湖科学圖書社等四处成立办事处，嗣以戰局變化，先後收縮。其他如廣州、漢口、長沙、南昌、遂川、恩施、巴東、海门、餘姚、百色、六安、鄞都、開江等十二处，或因戰局推移，或因試办流動，亦已先後遷移，總計本店直接到達之處，已在四十处以上。

三、临时委员会为通过社章进行选举事告社友书

010 7

臨時委員會爲通過社章進行選舉事告社友書

親愛的社友們:

爲了使本社的機構更加健全本社同人工作的效率和興味更加提高起見,最近本社有兩件很重要的工作必須立刻進行,並加以完成,這就是:

第一,通過修改的社章草案

我們的社章從本社成立到現在因事實的需要,當中曾經過幾次的修改,這修改的事實告訴我們,本社社章不可否認的還有很多缺點,這些缺點一直到現在還存在着。因爲這樣,根據全體社員的公意和要求,臨時成立了一個社章修改委員會負責修改社章。經過委員會不斷的研究和討論,這一修改社章的任務終於完成了。對原來的社章有過很多增改,爲的要使本社社章更加週密完善。現在我們特將這社章修正草案發給每一個社員，盼望每個社員能提供更好的意見；同時，因時間和地域的關係，不可能召集全體社員大會來討論和通過這一修正的社章草案。因此，經臨時委員會的議決，對通過這一社章草案，採取下面幾個辦法：

一、本社章草案發給每社員一份，用通訊方式徵求每個社員意見並用通訊方式表决通過這一草案。

二、各地分店經理及辦事處負責人負分發本社章草案給社員與收集該草案寄交總店之責。

三、本社章草案如有重要增改之處，皆旁附詳細說明，請注意。

四、各地社員於收到本社章草案後，除個人研究外，希望集體討論，以昭慎重。

五、凡現尚未成爲社員，但在本店服務的職員，亦請參加討論，倘有意見望同樣另紙寫出，交各分店經理或負責人寄交總店，俾供參考。

六、每一社員對每條社章如無意見提出，即作爲對該條社章之同意和通過。如有意見提出，請另紙註明條數，詳細寫出，並上書本人姓名與分店地址。

七、根據全體社員對每條社章贊否之多數來決定每條社章之通過。凡未經多數通過之社章，當繼續研討解釋，務必在得到多數之同意與通過。

八、本社章草案從收到之日起，請儘於半月內交還。如能提早更佳。凡總店分店及辦事處社員請交由負責人寄交總店甘蘧園先生收。

九、本社章草案每條經全體社員用通訊方式表決，得到多數贊同後，即成爲正式社章，以後一切社務，依照新社章辦理。

第二，進行理、監、人事委員的選舉

現在我們的社務，是由臨時委員會主持，大家知道，臨時委員會係臨時性質，無論在事實上和性質上，應該取消臨時委員會而恢復過去的理事會監察委員會和人事委員會，換句話說，就是要恢復常態，要使本社的組織更爲嚴密靈活而能夠配合着大時代的發展和新文化的推進。但是臨時委員會的職權的停止，是要在正式的理事會，監察委員會和人事委員會產生之後。

關於怎樣的選舉理事，監察和人事委員，這裏有幾個說明：

一、無論根據新的社章和舊的社章，理、監、以及人事委員概由社員全體直接投票選出。

二、依照舊章係召集社員大會或用通訊方式進行選舉，新章以不可能召集社員大會，改一律用通訊方式選舉。

三、新的社章要等每條正式全體多數通過，至少需時兩月，但一方面，我們新理事會等的產生，刻不容緩，故不得不通融辦理，先依照新社章凡理、監、人事委員改由全體社員一律用通訊方式選舉。

四、根據這一次新的社章，正式理事選出十一人，監察委員選出三人，人事委員選出五人，皆由社員全體直接選舉。倘使我們全體社員對這以上辦法都同意的話，那末就請先予通過新章選舉理、監、人事委員各條。並同時進行新的選舉。

社員選舉條例如左

一、每一社員都發給社員一覽表一份，藉供參考，並望保存。

二、每一社員都發給選舉票一張，該票註有選舉人姓名，號碼並經臨時委員會主席簽字，以昭慎重。

三、每一社員之選舉票務須繕寫清楚，如有塗改調換情事，該票作廢，務請注意。

四、每一社員於選舉完畢必須在選舉票上親筆署名，並立即交分店經理或辦事處負責人代爲寄出。

五、每一分店經理及辦事處負責人負分發收集社員選舉票之責，並請於一星期內辦妥寄交漢口總店甘遽園先生收。

六、選舉票由臨時委員會保存整理，並負責公布理事會監委會及人事委員會委員當選人姓名。

通過名譽社員

另外，還有一件事就是通過名譽社員，依照舊社章名譽社員是要經全體社員大會通過，新社章改由社員代表大會通過；但在新社章未正式通過前，仍是依照舊章經全體社員表決通過，辦法是採用通訊方式。玆將臨時委員會所提議的幾位名譽社員姓名及略歷介紹如左：

一、黃任之　黃任之先生想大家都是熟悉的，他是辦職業教育的老教育家，是過去生活週刊社的創辦人之一，他與「生活」有着十年以上的關係，以及黃先生的學問道德與努力救國工作的精神，都是值得欽佩的，故由臨時委員會提出請他做本社名譽社員。

二、胡愈之　胡先生也是我們同人所敬佩的，他的爲人大家都熟悉，不必多說。他是對本社最熱心幫忙的一個，我們第一次的社章就是他起草的，他原是我們的老社員，因事退出，現在臨時委員會提出又要請他來做本社的名譽社員。

— 6 —

三、張志讓　張先生是上海律師界及學術界最令人敬重的一個學者，他不但學識淵博，對救亡運動非常熱心，就是對文化事業也常有周密的建議。他最近參加本店的編輯委員會，貢獻甚多，我們相信請他加入本社，對本社事業前途的規劃是會有很大的裨益的。

親愛的社友們，上面幾件事都是很重要的，並且要趕快的完成的，請每一個社員都需要更加積極的緊張起來。謹致

文化抗日救國　敬禮！

臨時委員會　廿七年四月一日

代后记

战争年代生活书店内部管理制度之完善（1938—1939）

张大伟

迁移到重庆后，生活书店召开了理事会第一次会议，徐伯昕如此总结抗战几年来生活书店的发展历程：「本店历年来为社会服务，以推广教育文化为责旨。自抗战发生以后，□（疑似『本』）店一本原来营业方针，更极冀为抗战建国文化略尽贡献。自淞沪沦陷后，一方面感于上海营业情形恶劣，一方面感到推广内地文化之重要，因之将总店由沪迁汉口，建立内地营业之中心。旋为业务上管理便利起见，将总店改称为总管理处，则为管理各分店之机构。去年（1938年，笔者注）八月间武汉局势紧急，本处决定迁移至重庆。迨于十月间广州失陷后，武汉情势突更危迫，□（疑似『乃』）于十月廿五日将留守之一部份同人完全撤退。此系本店总管理处在汉口建立以迄于迁移重庆之经过情形也。」（生活书店理事会记录，1939年1月1日）

这段记述大概说清了自抗战到1939年期间，生活书店辗转迁移的情形。事实上，在战火中饱受迁移之苦的生活书店，正如同样经历苦难的中华民族一样，在战火中逐步成长。

生活书店作为我国现代出版史上具有标志性的一家进步出版机构，在财力并不占优势地位的情况下，因其独树一帜的内部管理制度，激发了员工的积极性，成为中国现代出版界的翘楚。生活书店的内部管理制度，为思索出版社的内部管理提供了一份宝贵的经验。韬奋纪念馆这次整理出版的是：1937年全面抗战爆发以来生活书店从上海迁移到汉口，继而迁移到重庆的过程中的会议记录。在这些珍贵的历史资料中，我们一方面可以看到抗战对于生活书店经营业务的影响；另一方面，在诸如对内部员工薪水、住宿、奖惩、人事纠纷等事件的处理中，我们可以「近距离」地感受生活书店内部管理的人性化、制度化。生活书店的「家长里短」，同样是今天出版社和文化企业的「家长里短」。在剥去战争的外衣之后，生活书店内部管理的方法、原则与制度，即使在今天看来，依然显示着管理者的思想和智慧光芒。这批会议记录披露的生活书店内部管理制度的基本规定以及完善过程，主要有以下几个方面：

一、**奖惩制度的严明与奖惩决定的审慎**。在这些珍贵的会议记录中，反复出现的一个职员的名字叫孙鹤年，是陕店职员，与同事鹿怀宝因书借事在店内动武冲突。1938年8月4日，生活书店临时委员会谈话会议上为此做出决议：「孙鹤年过去曾受儆告，屡犯错误，现又在店内与同人贸然动武，并拒绝填写考绩表，如此不守纪律，应受停职处分。」〔生活出版合作社临时委员会会议记录（二），1938年8月4日〕一个半月之后，孙鹤年进行申诉，临时委员会召开临时会议对此事进行讨论：「在今年八月四日下午八时之临时委员会会议，根据陕店经理张锡荣对孙鹤年在陕店发生人事纠纷之报告后，认为情节严重，当即议决与以停职处分，孙鹤年在陕店接得该项通知后，不满停职处分，一面写了一份申诉书给临委会，一面亲自由陕赴汉向徐伯昕先生面陈一切，顷接徐先生由汉来信，孙鹤年现在汉等候临委会对此事之重新考虑。此事之简单经过就是如此。」在此次临时会议上，对此事的议决为：「孙鹤年对本会惩处要求重新考虑，不能单凭本人申诉理由，作为重予考虑根据，当另搜集事实材料，作为参考，一面请在场目击之杜国钧先生作一更详细报告，藉供是否可以重予考虑之参考，惟该事件未得本会重予考虑讨论决定以前，对孙鹤年之停职惩处，仍为有效。」〔生活出版合作社临时委员会会议记录（二），1938年9月21日〕1938年9月22日，临时委员会代主席韬奋先生致函陕店杜国钧先生，请其作关于孙鹤年事件的报告。1938年10月2日，临时委员会收到杜国钧报告，在搜集证人证言的基础上，1938年10月3日召开的临时委员会临时会议继续讨论对社员孙鹤年的停职问题，方学武、李济安、张志民等纷纷发表意见，并在此基础上，对孙鹤年与同事之间的人事纠纷做出了最终的决议：在详细分析了孙鹤年错误的五个方面之后，「本会认为满意的即孙鹤年社员在给本会的信中，在和徐伯昕先生谈话中，都能很坦白的承认错误，后据杜国钧先生报告，虽然无论对同人或同业的态度欠佳，但工作上尚属认真，根据了各方面的考察和本会讨论的结果，认为可以从宽处理，给与孙鹤年社员以一个改正错误的自新的机会，因此议决如左：一、撤消廿七年八月四日临委会关于孙鹤年君因过失而受停职处分的决议案。二、社员孙鹤年于七月十九日在陕店于办公终了后与同事发生斗殴，另外并拒绝填写总处发出之同人工作考绩表，应受下列惩处：(1)给予最后儆告（书面）；(2)留职察看六个月（在察看期内，薪金照给）；(3)留社察看六个月（在察看期内，有选举权，无被选举权）。三、社员孙鹤年应即调至总处，察看并受训育，以便就近协助改进其工作上之弱点和态度」〔生活出版合作社临时委员会会议记录（二），1938年10月3日〕。应该来讲，这一决议已经足够审慎和人性化，但事情并没有因此结束。一周后，「孙鹤年君有自动辞职意，应否给与退职金及川资津贴」被再次提上议案，最终，临时委员会决议：「孙鹤年君如系自动辞职，两个月退职金不应照给。同时根据廿七年九月廿一日本会临时会议对退职同人川资津贴之决议，孙君亦不能享受是项川资津贴权利。」〔生活出版合作社临时委员会会议记录（二），1938年10月11日〕

回望1938—1939年，经过几年的励精图治，生活书店已经在全国诸多地方建立了诸多分支店和办事处；全面抗战的如火如荼，使得信息交流和运输变得十分艰难。即使在这样的时代背景下，生活书店对自己的职员所做出的奖惩决定依然是审慎严谨的，也是经得起历史拷问的。通过议案逐步完善内部管理制度本身便是制度，这也是生活书店保持生命力的深层制度原因。

二、**薪酬制度的统筹考量**。薪酬制度一直是企业激发员工工作积极性的核心物质手段。此次影印出版的会议记录也多次披露了生活书店在薪酬发放上的一些考量因素。

其一，在特殊时期发放薪水的考量与制度化。1938年2月，从上海迁移到汉口之后，临时委员会第廿一次常会就对薪水问题做出了安排：「一、本店营业日渐好转，经济亦稍形稳定，对于各同仁之减折发薪办法，似应酌予变动。二、过去有一部份初进本店服务之同仁，因抗战发动，营业受影响，故未曾按期增加月薪，际此营业稍趋好转，似应按照职务轻重、工作情况酌予增加。」〔生活出版合作社临时委员会会议记录（一），1938年2月13日〕并在此基础上决议：「本店近来营业较前更为好转，经济周转亦较前灵活，所有同人月薪拟即恢复原额发给。」〔生活出版合作社临时委员会会议记录（一），1938年4月9日〕不以抗战作为借口，只要经营好转，就立刻考虑员工的薪酬问题，表明生活书店对职员切身利益的尊重，这也是生活书店内部管理具有活力的根本原因。同时，对职员利益的保障并不是无原则的，恰恰是纪律严明的，比如1938年的临时委员会对员工请假问题的议案做出制度安排：「以后凡连续请假在六个月以上者，须经临时委员会根据职务上实际情形加以核定，如未经核准自由离职者作弃职论。请长假离职者，概不得预支薪水。」〔生活出版合作社临时委员会会议记录（一），1938年2月24日〕

其二，住宿补贴的制度化问题。在影印的这一部分会议记录中，对住宿的补贴问题是一个反复被提及、讨论的议案，这表明「住宿补贴」是生活书店职员的重要福利，且每个人的住宿需求差异很大。如何公平合理地发放住宿补贴，成为生活书店完善内部管理制度的必然选择。这一问题在1938年5月的临时委员会常会就被提出，针对「本店供给同人宿舍，扣除宿费办法不甚完妥，应如何解决，以及同人间薪水应如何调整案」，提出了解决办法：第一，先发还不应扣除之宿费；第二，在最短期内研究一个总□□□解决的办法。〔生活出版合作社临时委员会会议记录（一），1938年5月13日〕1938年6月14日召开的临时委员会第廿五次会议上又提出：「关于调整全体同人之膳宿津贴问题，暂予保留，推定艾逖生先生负责召集各科主任及各科代表一人专门研究，一星期内将结果提交临时委员会解决，并予追认，尽于本月内实行之。」十天后的临时会议对调整膳宿津贴问题分别进行了议决：「1．在抗战期间，膳食一律由书店供给，不到店用膳者作弃权论，不另津贴或供给。……2．对于宿舍问题解决办法为凡同人寄宿，一律由书店供给。附调整办法如左：a．凡过去领有宿舍津贴，现寄宿在书店宿舍内者，该项津贴一律取消。b．因有家眷在外寄宿者得酌给津贴，办法另定。c．无家眷，但有特殊理由（如宿舍不敷和有疾病等）得书店许可者亦可在外寄宿，并酌给津贴。d．凡新进职员及练习生，如无特殊情形，必须在寄宿舍□□□（疑似『内住宿』）。e·除以上□□□（疑似『理由外』），自由在外寄宿□（疑似『者』），认为系自己弃权，无津贴。」后又附注：当时临委会对宿舍津贴问题，意见不一，本经确定对宿舍津贴不全取消，酌量扣除；后临委会同人终以此办法不符原则，如谓同人经济困难，应在薪水内调整，故经临委会委员邹韬奋先生提议，请对此议案重新考虑，复于翌日（廿五日）下午二时在本店二楼会客室开会，决定将宿舍津贴完全取消，大家一致同意通过，故前面之决议，亦于第二日会议后更改。〔生活出版合作社临时委员会会议记录（二），1938年6月24日〕1938年10月，《有眷属同人住外津贴办法》修正通过。〔生活出版合作社临时委员会会议记录（二），1938年10月11日〕在确定了基本原则之后，从前的相关住宿问题就可以进行追溯式的解决，也为层出不穷、情况类似的住宿问题提供了基本的处理原则。

其三，特殊情形下的薪酬分配。生活书店临时委员会充分考虑到全面抗战对职员身心健康的影响，比如，「关于逼近战区之工作同人奖惩案」就对在接近战区工作的人员做出了人性化、也符合书店长期发展需求的安排：「接近战区各分店同人于紧张时期，仍留在当地艰苦工作或自由离职者，应由各地分支店或办事处负责人呈报总处，由总经理酌量情形，予以惩奖，其办法如左：1.维持营业至最后关头而在撤退时受到极大物质痛苦者。a.加薪半月至一月；b.予以一星期至一月之休假，薪金照给。2.凡未向总处报告，擅自撤退或不应过早撤退，经总处调查属实者，予以扣薪儆告或停职处分。3.各地分支店或办事处员工在时局紧张期内，如未得负责人同意，擅自离职者，作停职论。」〔生活出版合作社临时委员会会议记录（二），1938年8月4日〕

不仅如此，对于为企业做出特殊贡献的职员，生活书店也给予特殊的鼓励和薪酬支付，会议记录披露的相关情况不少，如「关于孙梦旦先生疾病，须作较长期休养，应许给假三个月，薪水照给（根据职工疾病津贴办法）」〔生活出版合作社临时委员会会议记录（一），1938年5月13日〕。1939年，生活书店发生两件不幸的事，「一为服务本店历史甚久、管理本店全部会计之孙梦旦先生不幸于四月一日在余姚原籍病故；一为万县分店于二月四日被敌机轰炸，店铺货物全部焚毁，同人何中五先生殉难」。生活书店理事会的决议同样感人肺腑：「孙梦旦先生在职十三年，主管本店会计劳绩卓著，此次积劳致死，实带有因公性质。孙先生遗有妻女，身后萧条，决一次给与丧葬费二百元，并自本年四月份起按月津贴其家属抚恤金半薪十三年为止。何中五先生因公致死，一次给与丧葬费二百元，并自本年三月份起按月津贴其家属抚恤金全薪满二十年为止。」（生活书店理事会记录，1939年4月7日）

三、**人事制度的逐步完善。**生活书店在发展过程中，员工被分成了两个层级：雇员和社员。随着生活书店的发展，「雇员逐渐增多，甚至数量超过了社员，最大缺点是无形中雇员和社员当中造成了对立，雇员因不能升为社员，与社员享受同样权利，工作的情绪和积极性不能提高」〔生活出版合作社临时委员会会议记录（二），1938年10月11日〕。问题在于：雇员和社员的层级安排，事实上是由社章明文规定的，在新情况与已有的「权威」社章之间，生活书店又会如何做出制度选择呢？

1938年5月，临时委员会对此事进行了讨论并议决：1.在新社章草案未经全体社员正式通过以前，为充实社务起见，应设法增加新社员。（一致通过）2.雇员制度仍予保留，修正廿五年九月廿四日临委会议决案关于雇员之性质（不能升职员），取消二十五年十月八日临时委员会第二次常会通过之职工试用期限一年零九个月的办法，规定以后凡雇员工作满一年，经过审查考核，认为合格者，得晋升为正式职员，即依照社章由正式职员经过六个月后可以取得社员资格；如不合格者，仍作雇员性质任用，并以后每隔六个月予以一次审查考核的机会。（六对三之多数通过）关于雇员之审查考核事宜，推定徐伯昕、顾一凡、艾逖生、张又新、金汝楫、严长衍、方学武等七人组织委员会研究此事，并于最短期内将研究结果提出临时委员会决定之。〔生活出版合作社临时委员会会议记录（一），1938年5月13日〕一个月之后，「关于由职员晋升社员问题，在新华银行开临时委员会时议决取消过去临委会一年九个月方得为正式任用之决议，改为凡雇员经过一年经审查考核后升任职员，再过六个月，即为社员。考核之标准有三项：A.以工作做标准；B.以品性做标准；C.以学识做标准」〔生活出版合作社临时委员会会议记录（二），1938年6月14日〕。这两次会议基本确定了由雇员晋升职员，再由职员晋升社员的基本审查原则。

1938年9月9日，邹韬奋主持了临时委员会第廿六次常会，这次会议对「雇员晋升为职员审查标准案」和「旧雇员审查委员多因较分散，应请重新推选案」议决：（一）雇员审查标准应以文化水准占百分之五十及工作成绩占百分之五十为原则。具体办法交由雇员审查委员会起草，提出本会通过后施行。（二）推选艾逖生、张志民、赵晓恩、方学武、金汝楫五人为雇员审查研究委员会委员，并由艾逖生负责召集开会。

1938年9月21日召开的临时委员会临时会议上，艾逖生先报告了雇员晋升职员审查标准研究委员会曾于9月19日下午开会，对雇员审查标准研究结果。后会议修正通过如左：

A．工作考绩表分数占百分之八十，文化水准分数占百分之二十。

B．工作考绩表分数计算法：

甲、自己填表占百分之五十；

乙、经理填表百分之三十；

丙、第三者填表占百分之二十。

C．自己填表分数计算法：

甲、工作概况占百分之五十；

乙、业务意见百分之四十；

丙、业余生活占百分之十。

D．最低及格分数为六十分。

E．被审查者之截止期为廿七年十月底。

F．表格填寄手续，依照委员会所拟办法。

G．测验表题目太艰深，请委员会研究重拟。

H．工作考绩表之内容，依照委员会所拟办法。

I．雇工审查偏重经理填表之报告，对文化水准测验改由经理口试。

〔生活出版合作社临时委员会会议记录（二），1938年9月21日〕

通过「雇员晋升为职员审查方法」，生活书店事实上解决了一部分后期进入书店的雇员（尤其是优秀雇员）的工作积极性问题。在社章之外达成了「权宜之计」（一些更彻底的变革也许需要通过社章来最终解决）。1938年10月11日，生活书店九名雇员写公函要求取消原有雇员晋升为职员审查办法。〔生活出版合作社临时委员会会议记录（二），1938年10月11日〕这说明生活书店的人事制度在民主浪潮的影响下，仍需做出进一步的调整和适应。

四、分区、分支店及办事处的设立与管理。除了奖惩、薪酬、人事制度的完善之外，即将出版的这部分会议记录还记录了1938—1939年生活书店分区、分支店和办事处的设立和管理问题。分区、分支店和办事处的设立和管理，是内部管理中十分重要的战略性决策，亦是内部管理制度的应有之义，故在此处一并讨论。在这些会议记录中，最富有启发的是对分区的设立与考量因素。1938年5月，临时委员会第二十四次常会上，徐伯昕汇报了详实的营业数据、分支店成立日期及收支、各分支店的职工人数。在「业务新计划」中，提出「A．组织流动营业处；B．根据下列各原则继续增设办事处：甲、学校区；乙、青训区；丙、驻军区」〔生活出版合作社临时委员会会议记录（一），1938年5月13日〕。生活书店建立分支店的地点选择，除了对社会责任的自觉担当之外，也表明生活书店的市场敏感性。

分支店和办事处建立之后，如何管理就成了一个新问题。对此，「徐伯昕先生提出应确定分区办法及分区后之管理范围案」，并在此基础上提出了具体的分区办法及管理范围：A．分区办法：分为西北区、华西区、西南区、华南区；B．管理范围：1．本区内营业扩展计划之建设及执行；2．本区内发货及存货之调整；3．本区内人事更调及考绩；4．本区内出版之管理；5．本区内稿件之收转与接洽。会议还确定了总管理处迁移至重庆及出版与造货重心，议决：「出版重心偏重重庆及香港两处，桂林、西安、上海辅之；大量造货偏重桂林及上海两处，重庆、香港偏重印刷杂志。」〔生活出版合作社临时委员会会议记录（二），1938年6月14日〕分区的设立，说明生活书店的内部管理也开始日益复杂，各权力部门职能的划分，就成了制度完善的必经之路。「关于员工进退处理权限应明白规定案」就是完善这一权限的制度安排，在这一议案下，同样形成了关于总经理的权限的决议：「关于人事方面与全体福利有关（如扣薪、减薪、裁员）者，由临时委员会处理，此点早已在临委会办事细则内规定；惟尚须明白规定而与以补充者，即关于个别人事进退及维持工作纪律奖惩等事，为便利起见，应由总经理与总务部商同处理后报告临委会，倘对惩处不服从者，得向临委会提出理由申诉。但在临委会未决定前，总经理与总务部之处理，仍属有效。」〔生活出版合作社临时委员会会议记录（二），1938年10月11日〕

结语

如果不是仔细地翻阅这些会议记录，我们几乎很难相信，在中国现代出版史和文化史上叱咤风云的这些「大人物」，每天开会讨论的多为内部职工的「油盐酱醋茶」。即使在抗战这一特殊的年代里，内部管理制度的核心仍然是人事制度、分配制度、激励制度，核心在于提供员工生存和发展的机会，激发员工工作的热情。生活书店以议案为出发点，即使普通职员亦可以通过申诉等方式提出议案，议案讨论之民主、交流之充分、议决态度和观点之明确都为「民主化管理」提供了经典的范本。在任何事件议决之后，都会逐步形成制度（成文制度和惯例制度兼而有之），在以后的事件和议决中都会依据原有的成文管理规章和惯例的处理方式，而不是重点考虑某一委员的意见，这都应该是出版社制度建设的宝贵财富。邹韬奋先生在《旁观的态度与参加的态度》中曾经如此总结生活书店成功之经验：「本社事业日益扩大，所要解决的问题也日益加多，我们必须群策群力，共同拿出力量来奋斗，所以有加强参加的态度，完全消除旁观的态度之必要。依本社的组织本质，同志们更应该加强参加的态度。为什么呢？因为本社是采用民主集中制的合作社，只有职务的差别，没有阶级的区分；更具体地说来，任何人对于事业有何好的意见，对于缺点有何积极的善意的批判，都可以大胆地提出来，共同想办法来实行，共同想办法来纠正。本社求材若渴的情形，不但总经理和经理知道，不但即将交卸的临时委员会知道，不但秘书主任和总务部主任知道，不但各部主任和各分店负责人知道，我深信凡是本社的老同志都知道。能多提拔好的干部，在本社比较重要的负责人只有求之不得，只有觉得愉快轻松，没有理由加以压抑或轻视，最重要的是有材者须有事实上的表现，这事实上的表现不仅为自己，同时也是为我们所共同努力的团体的事业。所以依我们的组织，依我们的实际需要，都应该有参加的态度，而不该有旁观的态度。本社事业的发展全靠我们的许多同志有着参加的态度，极少或绝无旁观的态度。我们要共同爱护这种极为宝贵的传统的精神，我们要发扬光大这种极可宝贵的传统的精神。」（《店务通讯》第四十二号，1939年4月1日）如何激发职员「参加的态度」，必须要认识到职员「参与意识」对企业发展的重要性，以及通过制度保障和激发职员的「参与」。